Hermann Cremer

Die christliche Lehre von den Eigenschaften Gottes

Herausgegeben und eingeleitet von Helmut Burkhardt

BRUNNEN VERLAG GIESSEN UND BASEL

Die THEOLOGISCHE VERLAGSGEMEINSCHAFT (TVG)
ist eine Arbeitsgemeinschaft der Verlage Brunnen Gießen
und R. Brockhaus Witten

SYSTEMATISCH-THEOLOGISCHE MONOGRAPHIEN (STM),
Band 12

Unveränderter Nachdruck der Ausgabe von 1897
Umschlagmotiv: Dschebel Mūsā (Mosesberg auf dem Sinai);
Krause/Laif, Köln
Umschlaggestaltung: Ralf Simon
Herstellung: Hubert & Co., Göttingen
ISBN 3-7655-9489-X

Inhalt

Einführung

Zum Thema

Wir leben in einer Zeit, die vergessen hat, wer Gott ist, die deshalb auch nicht mehr weiß, dass er ist – und konsequenterweise weithin auch so lebt, als ob Gott nicht wäre.

Manches spricht dafür, dass die Gottvergessenheit sich in den Köpfen der Menschen festsetzte, seit sich die philosophische Behauptung durchsetzte, Gott sei kein Gegenstand möglicher Erkenntnis, sondern nur ihr Postulat (Kant)[1].

Aber – wäre es denn überhaupt zu wünschen, dass Gott Gegenstand, „Objekt" menschlichen Erkennens wäre? Wäre es denn überhaupt verantwortbar, dass wir ihn, den Schöpfer und Herrn der Welt, gleichsam unter das Mikroskop unserer theologischen Wissenschaft legen und mit dem Seziermesser unserer Logik „Eigenschaften Gottes" ausmachen und nach den Schemata unserer Begrifflichkeit klassifizieren? Wäre das nicht eine Art *crimen laesae majestatis,* eine Verletzung der Majestät Gottes?

Andererseits: Was wäre das eigentlich für ein Glaube, wenn der Glaubende nicht weiß, *wem* er glaubt? Wenn sich der Grund und eben doch auch Gegenstand des Glaubens ins Dunkel der Abstraktion eines bloßen „Dass" der Existenz Gottes entzöge?

Melanchthon meinte zwar einst, die Frage aller Fragen sei: Ist Gott – oder ist er nicht?[2] Diese Aussage ist in gewisser Hinsicht zwar richtig – aber auch nur halb. Denn: Auch eine bejahende Antwort auf jene Frage wäre in sich leer und mehr oder weniger nichts sagend, solange nicht gesagt werden kann, *wer* es denn nun eigentlich ist, auf den ich

---

1 Vgl. dazu jetzt K.H. Michel, Immanuel Kant und die Frage der Erkennbarkeit Gottes, Wuppertal 1987.

2 Vgl. H. Engelland, Die Wirklichkeit Gottes und die Gewißheit des Glaubens, Göttingen 1966, S. 7.

mich mit meinem ganzen Leben, meinem Wollen und Wirken gründen soll.

Es geht in der Frage nach den „Eigenschaften Gottes", nach dem, was ihn als Gott, was ihn als diesen Gott Israels und Vater Jesu Christi kennzeichnet und so erkennbar macht, nicht bloß um die schulmäßige Abhandlung irgendeines traditionellen Paragraphen der Dogmatik. Es geht vielmehr offensichtlich um eine zentrale Frage des christlichen Glaubens und deshalb auch der Dogmatik als Wissenschaft.

Diese Zusammenhänge sind nicht immer deutlich gewesen und sind es in der Regel wohl auch heute nicht. Die scheinbar rein spekulative Frage nach den Eigenschaften Gottes wurde weithin an den Rand der Theologie gedrängt oder reduziert bzw. umgedeutet als Frage nach der subjektiven Bestimmtheit unseres „schlechthinnigen Abhängigkeitsgefühls"[3].

Cremer versuchte deshalb, diese Lehre aus ihrem Aschenbrödeldasein herauszuholen, indem er ihr eine der bis heute gründlichsten Untersuchungen widmete. Sie wird zwar seitdem immer wieder in der theologischen Literatur erwähnt, aber nur wenige dürften sie mehr als vom Hörensagen kennen. Auch der Autor selbst ist, wenn überhaupt, meist nur als Verfasser des Vorläufers des Theologischen Wörterbuchs zum NT, des „Cremer-Kögel", des „Biblisch-theologischen Wörterbuchs der neutestamentlichen Gräzität" bekannt, also als Exeget, nicht aber als Systematiker, der er eigentlich war und als der es sich gerade in seiner Studie über die Lehre von den Eigenschaften Gottes erweist.

Zur Person des Autors

August Hermann Cremer wurde am 18.10.1834 in Unna/Westfalen geboren und starb am 4.10.1903 in Greifswald/Pommern. Er entstammte einem alten westfälischen Bauerngeschlecht. Sein Vater war Lehrer. Er war geprägt vom geistlichen Leben der erweckten Kreise des deutschen Westens zu Beginn des 19. Jahrhunderts. In diesen Kreisen gab

[3] Schleiermacher, Der christliche Glaube, § 50, These, vgl. Cremer, Lehre von den Eigenschaften Gottes S. 10.

es wenig Organisation, aber ein weitgespanntes Netz persönlicher Beziehungen. Zu den erweckten Christen, die sich in Unna trafen, gehörten u.a. auch die Eltern Friedrich v. Bodelschwinghs.

Cremers Mutter, eine geb. Josephson, kam aus einer jüdischen Familie, für die der im Zusammenhang mit der Judenemanzipation am Ende des 18. Jahrhunderts erfolgte Eintritt in die christliche Kultur zugleich „der Durchgangspunkt zum lebendigen Glauben“[4] wurde. So wuchs H. Cremer von Kind auf in eine von der Bibel genährte lebendige Frömmigkeit hinein.

Wenig befriedigend war zunächst der Besuch des schlecht geführten, vom revolutionären Geist der Zeit verunsicherten Gymnasiums in Dortmund, umso fruchtbarer dann aber der Besuch des neu gegründeten christlichen Gymnasiums in Gütersloh (1851-53). In der Gütersloher Zeit lernte Cremer auch während eines Besuchs bei Verwandten in Solingen erweckte Kreise kennen, die durch das Wirken des Arztes Samuel Collenbusch (1724-1803) entstanden waren, eine der prägenden Gestalten des Pietismus im Übergang zur Erweckungsbewegung. Collenbuschs Gedanken vermittelten Cremer zum ersten Mal den tiefen „Eindruck, daß der Erkenntnisgehalt der Schrift das, was die Arbeit der Kirche sich von demselben angeeignet habe, in vielen Punkten nicht unwesentlich hinter sich lasse, daß hier noch viel Land einzunehmen sei“[5]. Die – durchaus auch kritische – Beschäftigung mit Collenbusch hat Cremer sein ganzes Leben nicht losgelassen. Noch im Jahr vor seinem Tod gab er eine Sammlung von Schriften Collenbuschs heraus und versah sie mit einer Einleitung, in der er Collenbuschs bedeutenden Einfluss auf die Theologie des 19. Jahrhunderts, insbesondere die sog. „Erlanger Theologie“, nachweist[6].

Nach dem Abitur führte ihn sein Studium zunächst 1853-56 nach Halle zu August Tholuck (1799-1877)[7], dann 1856-57 nach Tübingen

---

4 Ernst Cremer, Hermann Cremer. Ein Lebens- und Charakterbild, Gütersloh 1912, S. 3.

5 E. Cremer, a.a.O., S. 15f.

6 Aus dem Nachlaß eines Gottesgelehrten. Aufsätze, Briefe und Tagebuchblätter von Dr. Samuel Collenbusch, hrsg. von Hermann Cremer, Stuttgart 1902.

7 Vgl. H. Burkhardt, Art. Tholuck, in: ELThG 1996-1998

zu Johann Tobias Beck (1804-78)[8]. Unter dem Einfluss Becks wurde endgültig der „Biblizismus ... der beherrschende Grundzug seiner Theologie“[9]. In der „Gruppierung des Schriftinhalts von dem Gegensatz von Sünde und Gnade“[10] her wirkte Tholuck auf ihn. Nach dem Ersten Examen ermöglichte ihm der Verleger Steinkopf 1858 durch ein Stipendium die Promotion zum Lizentiaten der Theologie in Tübingen, und zwar mit einer Arbeit über die Endzeitrede Jesu Mt 24-25[11]. Gleichzeitig begann er, einer Anregung Tholucks folgend, mit den ersten Begriffsuntersuchungen für sein späteres „Biblisch-theologisches Wörterbuch“. In diesem Jahr in Tübingen schloss er auch die Freundschaft mit Martin Kähler (1835-1912), die beide für ihr ganzes Leben verbinden sollte.

Während Kähler, von seinen Eltern finanziell unterstützt, gleich nach Abschluss des Studiums die akademische Laufbahn einschlug und Assistent bei Tholuck wurde, führte Cremers Weg ihn zunächst ins Pfarramt. Obgleich Begabung und Neigung ihn stark zur wissenschaftlichen Arbeit hinzogen, übernahm er mit seinem ganzen Einsatz die Aufgabe als Prediger und Seelsorger in seiner Landgemeinde Ostönnen bei Soest. Dabei ließ er aber in zähem Fleiß die Weiterarbeit an seinem Wörterbuch nicht abbrechen. Die intensive Untersuchung vor allem der Begriffe *dikaios*, *dikaioun* und *dikaiosyne* führte ihn von Becks (und auch Collenbuschs) Verständnis der Rechtfertigung fort und zum biblisch-exegetisch begründeten, zugleich aber auch in seiner Erfahrung als Prediger des Evangeliums bewährten reformatorischen Verständnis der Rechtfertigung zurück: Gerechtigkeit Gottes ist heilschaffendes richterliches Eintreten für alle, die ihm vertrauen.[12] Das Wörterbuch, 1866 abgeschlossen, wurde buchhändlerisch ein großer Er-

---

8 Vgl. H. Burkhardt, Art. Beck, in: ELThG 193f

9 E. Cremer, a.a.O., S. 20.

10 E. Cremer, ebd.

11 H. Cremer, Die eschatologische Rede Jesu Christi Matthäi 24-25. Versuch einer exegetischen Erörterung derselben, Stuttgart 1860.

12 Vgl. das große Werk Cremers über „Die paulinische Rechtfertigungslehre im Zusammenhang ihrer geschichtlichen Voraussetzungen“, Gütersloh 1899, ^{2}1900.

folg. Zu Cremers Lebenszeit erschienen neun Auflagen, jede Neuauflage von ihm selbst sorgfältig überarbeitet und weitergeführt.

Jetzt wurde man endlich auch in der Theologie auf Cremer aufmerksam. Dies führte schließlich – gegen den vehementen Widerstand des liberalen Protestantenvereins – zu seiner Berufung an die Theologische Fakultät der Universität Greifswald als Professor für Systematische Theologie.

In dieser Stellung blieb Cremer bis an das Ende seines Lebens. Bis 1890 führte er gleichzeitig auch das mit der Professur verbundene Pfarramt einer Greifswalder Gemeinde. Verschiedene ehrenvolle Berufungen lehnte er ab (1892 und 1894 nach Leipzig, 1892 und 1897 nach Berlin). Er sah seinen persönlichen Auftrag von Gott her darin, hier in der kleinen Universitätsstadt Greifswald eine einheitliche „positive" Fakultät zu schaffen, eine „Stätte für die Überwinterung des Evangeliums"[13], wie er selbst gern sagte.

Er verstand diese Aufgabe in einer doppelten Richtung: Zum einen stand seine ganze Lebensarbeit im Zeichen des Abwehrkampfes gegen die rationalistische bzw. die später sog. liberale Theologie der Schule A. Ritschls (1822-1889). In einem Brief an Schlatter schrieb er 1901: „Es steht unendlich vieles auf dem Spiele, und die Berliner Neigung, die im Oberkirchenrat wie bei Hofe herrscht, und die sich in das Wort zusammenfaßt: ‚nur kein Streit' und die uns zumutet, mit all diesen Leuten an einem Strange zu ziehen, kommt dem Ruin sehr entgegen. Gott helfe uns nur, wieder und wieder zu betonen und es so laut zu sagen, daß man es überall hört, nämlich daß die Entscheidung in der Frage oder vielmehr der Tatsache der Sünde ruht. Entweder ist sie der Gegensatz gegen Gottes Willen, der uns fundamentaliter verdirbt, oder sie ist nur Irrtum und unser Schuldbewußtsein auch nur Irrtum. Es handelt sich ja darum, das Urteil zu gewinnen über die Offenbarung, in der und für die Gott Glauben von uns verlangt, Glauben – entweder für das Unglaublichste, was es für uns gibt, oder Glauben für die ungeahnte, aber nicht unglaubliche Enthüllung dessen, was man dann noch

---

[13] So z.B. in einem Brief an M. Kähler vom 18.7.1894 (E. Cremer a.a.O., S. 153), ebenso in einem Brief an A. Schlatter vom 30.12.1897, in: R. Stupperich (Hg), Hermann Cremer – Haupt der „Greifswalder Schule". Briefwechsel und Dokumente, Köln/Wien 1988, S. 417.

Gnade nennt. Alle Worte, alle Begriffe werden ihres eigentlichen und originalen Gehaltes entleert, aber beibehalten, und so vollzieht sich vor unseren Augen dasselbe Schauspiel, was uns in der alten Kirche begegnet. Die gleichen Worte, aber entgegengesetzte Bedeutung! Und doch ist es verhängnisvoll, neue Worte zu prägen.

Tief, sehr tief innerlich berührt mich der Grundcharakter dieser Bewegung, die mit allem aufräumt, was reformatorische Errungenschaft war, aber auch mit allem, und doch sich reformatorisch und evangelisch nennt. Gibt's noch einen lebendigen Gott, der so frei wie wir und freier noch eine Geschichte mit uns und für uns lebt? Gibt's einen vom Himmel gekommenen zu uns erniedrigten Heiland, der um seiner Erniedrigung willen uns gehört und durch seine Auferstehung ewig der unsre ist? Ist unsre einzige Rettung der Glaube an das Unglaubliche aber Wirkliche? Gibt's ein persönliches, ein individuelles Fortleben nach dem Tode? Alles, alles wird uns genommen; dafür werden uns wechselnde ‚wissenschaftliche Errungenschaften' geboten, bis wir wieder da angelangt sind, von wo unsre Väter ausgegangen waren, – in dem Schoß der katholischen Kirche mit ihrer absoluten Unsicherheit und Ungewißheit des Individuums. Darum: Zeugenmut und wieder Zeugenmut!"[14]

Zum anderen galt sein Kampf positiv dem Aufbau einer Theologie, die sich tiefer als bisher an die Bibel selbst anschließt. Gemeinsam mit Kähler und später mit Schlatter vertrat er das „Ideal einer durch engeren Anschluß an die Schrift und durch reichere Ausschöpfung ihres Erkenntnisgehaltes erneuerten Theologie"[15]. In einem Brief an Steinkopf schrieb er 1895: „Jetzt ist unsere Fakultät durchaus einheitlich zusammengesetzt, wie kaum jemals außer Erlangen eine Fakultät in Deutschland in diesem Jahrhundert gewesen ist. Von Erlangen aber unterscheiden wir uns, indem uns die Bibel, den Erlangern die Konfession im Vordergrund steht. Was wir vertreten, ist, wenn man es nach Menschen nennen will, Bengelsche Art und Bengelsche Schule. Gott helfe uns!"[16]

---

[14] Brief an Schlatter vom 30.1.1901, in: Stupperich, a.a.O., S. 432f.

[15] E. Cremer, a.a.O., S. 142.

[16] Brief an Steinkopf vom 3.3.1895, in: Stupperich, a.a.O., S.87 (vgl. E. Cremer, a.a.O., S.155).

Ein besonderer Höhepunkt dieser Bemühungen Cremers, ja, wie er selbst bekennt, seines ganzen Lebens, war die enge Zusammenarbeit mit A. Schlatter (1852-1938), der 1888 nach Greifswald auf eine neutestamentliche Professur berufen wurde. Trotz der unterschiedlichen konfessionellen Prägung und der geistigen Selbstständigkeit beider Männer fanden sie sich in dem selbstlosen Bemühen um eine biblisch erneuerte Theologie zu fruchtbarer Arbeitsgemeinschaft zusammen. Sie endete auch nicht, als Schlatter 1893 dem Ruf auf einen neu eingerichteten Lehrstuhl für Systematische Theologie in Berlin folgte. Sie fand eher ihre Krönung in der 1897 erfolgten gemeinsamen Gründung der Zeitschrift „Beiträge zur Förderung christlicher Theologie“[17]. Über Jahrzehnte hin sollte hier in zahlreichen z.T. heute noch gültigen und lesenswerten Beiträgen eine theologische Aufbauarbeit geleistet werden, die wissenschaftliche Gründlichkeit mit Gemeindebezogenheit, Aktualität mit Biblizität verband.

Cremers erster Beitrag im ersten Jahrgang war die hier wieder vorgelegte Arbeit über „Die christliche Lehre von den Eigenschaften Gottes“. 1900 erschien „Weissagung und Wunder im Zusammenhang der Heilsgeschichte“ und 1903, also kurz vor Cremers Tod und als Ausdruck seiner tiefen Sorge um den Weg der Theologie, die Schrift „Die Grundwahrheiten der christlichen Religion nach D. R. Seeberg“, in der er vor der Verführung durch diese aus dem konfessionellen Luthertum fast unmerklich zur Ritschl-Schule hinübergeglittene sog. „modern-positive“[18] Theologie warnte. Posthum erschien 1904 Cremers „Pastoraltheologie“[19] und 1907 die Studie „Über Arbeit und Eigentum“[20]. Sie führt uns in einen wieder anderen, heute noch weni-

---

[17] Vgl. E. Cremer, a.a.O., S. 268; A. Schlatter, Die Entstehung der Beiträge zur Förderung christlicher Theologie, BzFchTh (25. Jg.) 1920/Heft 1, bes. S. 71ff.

[18] Vgl. auch Cremers Brief an Schlatter vom 15.2.1898 anlässlich der Berufung Seebergs als Schlatters Nachfolger in Berlin (Stupperich, a.a.O., S. 67f).

[19] Vgl. dazu jetzt: J. Ohlemacher, Was sind geistliche „Voraussetzungen“ für ein „geistliches Amt“? Nachdenkliches aus Anlass des 100. Todestages von Hermann Cremer, in: ThBeitr Jg 35/2004, S. 140-152.

[20] H. Cremer, Über Arbeit und Eigentum nach christlicher Anschauung. Eine Vorlesung, BzFchTh (11. Jg.), Heft 3, S. 35-56, Gütersloh 1907 (ND in: H. Cremer, Arbeit und Eigentum in christlicher Sicht, hg. von H. Burkhardt, Gießen 1984, S. 7-23).

ger bekannten Bereich der Arbeit Cremers, sein Engagement in der sozialen Frage. Er führt hier die bereits in einem Vortrag von 1889 „Über den Einfluß des christlichen Prinzips der Liebe auf die Rechtsbildung und Gesetzgebung“[21] vertretene These weiter durch, dass der in unseren Ländern herrschende, dem Kapitalismus zugrunde liegende römisch-rechtliche Eigentumsbegriff dem christlichen Prinzip der Liebe widerspricht. Er überliefert das Eigentum der Willkür des Besitzers und lässt bestenfalls individuelle Übung der Liebe zu. Dem Armen müsse aber nicht nur ein Recht auf Almosen zuerkannt werden, sondern durch soziale Gesetzgebung Eigentum verschafft werden, damit er nicht auf Almosen angewiesen sei.[22]

Dieses Engagement in der sozialen Frage verband Cremer eng mit A. Stöcker (1835-1909), dem Berliner Stadtmissionar und Sozialpolitiker. 1894 referierte Cremer – neben seinem theologischen Gegenspieler A. v. Harnack (1851-1930) – auf einer Tagung des von Stöcker mitbegründeten Evangelisch-sozialen Kongresses in Frankfurt. Zum Thema „Die soziale Frage und die Predigt“ führte er u.a. aus: „Der evangelische Geistliche ist der letzte, der es sich gestatten dürfte, der sozialen Frage untätig gegenüber zu stehen und einfach abzuwarten, wie sich die Dinge gestalten werden. Selbst wenn sie nur eine wirtschaftspolitische Seite hätte und nur zu tun hätte mit dem Ausgleich der materiellen Interessen – der Prediger des Evangeliums, der Diener der Kirche Jesu Christi ist der geborene Anwalt der Armen und Bedrückten und müßte sich mindestens derer annehmen, die unter dem Druck der Not und des Elends seufzen. Er wäre der erste, der sich um Besserung ihrer Lage zu bemühen hätte.“[23]

---

[21] Berlin 1889 (ND in: H. Cremer, Arbeit und Eigentum in christlicher Sicht, hg. von H. Burkhardt, Gießen 1984, S. 23-34); in einem Brief an A. Stoecker meint Cremer, diese kleine Veröffentlichung habe ihm schon „den Ruf eines verkappten Sozialdemokraten eingetragen“ (Stupperich, a.a.O., S. 335).

[22] Vgl. auch E. Cremer, a.a.O., S. 185f.

[23] Bericht über die Verhandlungen des Fünften Evangelisch-sozialen Kongresses, abgehalten zu Frankfurt am Main am 16. und 17. Mai 1894. Nach den stenographischen Protokollen. Berlin 1894, S.11-22 (ND in: H. Cremer, Arbeit und Eigentum in christlicher Sicht, Hg. von H. Burkhardt, Gießen 1984, S. 34-47; das obige Zitat hier S. 36; vgl. auch E. Cremer, a.a.O., S. 203.

Nicht weniger nachdrücklich warnte er aber auch vor falschen Zielsetzungen und Erwartungen: „Immer wieder sieht der Gedanke der irdischen Nutzbarkeit des Christentums als Mittel zur Anlockung hindurch, eine imponierende Kirche, eine christliche Majorität ... dann wird es auch bekehrte Christen geben.“ „Nein“, sagt Cremer, „wir müssen predigen, als wollten wir die ganze Welt bekehren und müssen das auch wollen, aber wir müssen uns auch ganz klar darüber sein, daß, je klarer wir predigen, desto klarer wird auch die Entscheidung, und die Entscheidung der christianisierten Völker wird meist eine Entscheidung *gegen* das Evangelium sein.“[24]

Die Frucht des jahrzehntelangen unerschrockenen und rastlosen Arbeitens Cremers in Greifswald waren aber nicht nur Schriften, es waren vor allem Menschen. Da waren zunächst die Studenten, die in schnell wachsender Zahl, und zwar nicht nur aus der pommerschen Provinz, sondern bald aus ganz Deutschland nach Greifswald zogen und denen er Führer und Helfer zu bleibender theologischer Erkenntnis, nicht selten aber auch Seelsorger wurde. Und da waren nicht zuletzt auch die jungen Theologen, welche die von ihm empfangenen Anstöße in ihrer eigenen wissenschaftlichen Arbeit fruchtbar machten. Bald sprach man überall von der „Greifswalder Schule“. Sie war aber nie Schule im Sinne einer gemeinsamen Schematisierung des Denkens, erkennbar an stets wiederkehrenden Sprachformeln. Die Gemeinsamkeit bestand vielmehr in dem gemeinsamen Bemühen um eine aus neuem Hören auf die ganze Schrift geborene Theologie.

Am bekanntesten unter Cremers Schülern wurden Erich Schaeder (1861-1936, Hauptwerk: „Theozentrische Theologie“, 2 Bände, 1909/14) und vor allem Wilhelm Lütgert (1867-1938), von selbständiger, bleibender Bedeutung als Exeget (z.B. „Freiheitspredigt und Schwarmgeister in Korinth“, 1908), als Historiker („Die Religion des deutschen Idealismus und ihr Ende“, 4 Bände, 1922-30) und als Systematiker („Schöpfung und Offenbarung“, 1934, ND Gießen 1984 mit einer Einführung von Werner Neuer, und „Ethik der Liebe“, 1938). Julius Kögel

---

[24] Brief an Kähler vom 5.1.1899 (E. Cremer, a.a.O., S. 219f); vgl. die Briefe an Stöcker selbst bei Stupperich, a.a.O., S. 335ff; vgl. E. Cremer, a.a.O., S. 197ff, wobei E. Cremer den Brief vom 17.5.1895 fälschlich nach dem von ihm ohne genaues Datum wiedergegebenen Brief vom 12.6.1895 einordnet.

(1871-1928) führte die Arbeit an Cremers Wörterbuch weiter. Aber auch der Kählerschüler J. Schniewind (1883-1947) empfing wichtige Anstöße von Cremer.[25]

Cremers Beitrag zum Thema[26]

Worin besteht nun H. Cremers besonderer Beitrag zur christlichen Lehre von den Eigenschaften Gottes? Cremer geht in seiner Untersuchung aus von der Feststellung einer Dauerkrise der Lehre von den Eigenschaften Gottes. Sein Beitrag erstreckt sich sowohl auf die Diagnose als auch auf die Therapie der Krise.

Die Krise offenbart sich vor allem in einem Auseinanderklaffen von Gemeindeglauben, dem das Wissen um Gottes Wesen und Eigenschaften unentbehrlich ist[27], und wissenschaftlicher Theologie, die sich zunehmend außerstande sieht, an dieser Lehre festzuhalten. Die Theologie hat dabei – von ihrer Voraussetzung her – durchaus ernst zu nehmende religiöse Gründe für sich[28] – nur, und hier setzt Cremers entscheidende Kritik ein, eben jene Voraussetzung stimmt nicht, die Voraussetzung nämlich, dass der Gottesbegriff der griechischen Philosophie als des reinen Seins, als des Absoluten, auf den Gott der Bibel anwendbar sei.[29] Hinter dieser Übernahme des griechischen Gottesbegriffs steht nach Cremer wiederum die Übernahme einer falschen Grundfrage. Griechischer Philosophie gehe es um das Welträtsel, das die Natur, das bedingte Sein uns aufgibt, während das wahre uns aufgegebene Rätsel das der Geschichte sei, die aus dem Gewissensurteil hervorbrechende Frage: Wie kann eine Welt bestehen, die an dem in

---

[25] Vgl. G. Friedrich, Julius Schniewind. Ein Lehrer der Kirche, in: EvTheol 43. Jg. (1983), S. 202-221 (zu Cremer, S. 215-218).

[26] Vgl. Martin Pfizenmaier, Der Beitrag Hermann Cremers zur Lehre von den Eigenschaften Gottes, in: H. Burkhardt (Hrsg.), Wer ist das – Gott? Gießen/Wuppertal 1982, S. 133-141.

[27] H. Cremer, Lehre, S. 13 oben.

[28] H. Cremer, a.a.O., S. 11f.

[29] H. Cremer, a.a.O., S.11 oben.

ihr herrschenden Gesetz der Sünde und des Todes zu Grunde gehen muss?[30]

Antwort auf diese Frage ist nach Cremer nur zu finden aus der durch die Bibel bezeugten Selbstoffenbarung Gottes.[31] In ihr zeigt sich Gott „als der, der ganz Liebe ist“[32]. Aus diesem Wesen Gottes sind aber die Eigenschaften Gottes nicht etwa in logischer Notwendigkeit (nach dem „Gesetz der Folgerichtigkeit“, gegen das sich Cremer ständig polemisch wendet) ableitbar. Denn die Liebe ist wesentlich freie Tat und damit jeder Notwendigkeit entgegengesetzt. Vielmehr sind wir auch bei der Beschreibung der einzelnen Eigenschaften Gottes auf den Anschluss an das geschichtliche Offenbarungszeugnis angewiesen, und die Eigenschaften Gottes erweisen sich hier als „die Bestimmtheit seines Verhaltens durch sein Wesen“[33].

Auf diese Weise gelingt es Cremer, an der Souveränität des lebendigen Gottes der Bibel festzuhalten und doch Aussagen über *Gottes* Eigenschaften zu machen, nicht nur solche über das religiöse Gefühl (Schleiermacher). Es gelingt ihm so, bei der ganzen, nicht auf eine Idee reduzierten Wirklichkeit Gottes zu bleiben, und zwar im Glauben wie in der Glaubenswissenschaft.[34] Damit sind die Eigenschaften, von denen die christliche Gotteslehre spricht, zugleich auch als Eigenschaften des in Christus offenbarten Gottes ausgewiesen. Cremers Darstellung setzt dementsprechend auch ein mit den „in der Offenbarung sich erschließenden Eigenschaften Gottes“ (Heiligkeit, Gerechtigkeit, Weisheit), um in einem zweiten Schritt die im Gottesbegriff selbst enthaltenen (und auch in anderen Religionen angenommenen) Eigenschaften zu erörtern (Allmacht, Allgegenwart, Allwissenheit, Unveränderlichkeit), aber eben nun „im Lichte der Offenbarung“, d.h. in ihrem Inhalt nicht aus dem Begriff, sondern der ihn integrierenden biblischen Offenbarung abgeleitet und so ganz neu gefüllt.

---

[30] H. Cremer, a.a.O., S. 13.
[31] H. Cremer, a.a.O., S. 14.
[32] H. Cremer, a.a.O., S. 18.
[33] H. Cremer, a.a.O., S. 19 oben.
[34] H. Cremer, a.a.O., S. 13 oben.

Im Anschluss an die Bibel überwindet so Cremer die vom griechischen Gottesbegriff abhängige Scholastik, ohne doch der Auflösung des Gottesgedankens in der liberalen Theologie zu verfallen.

Eine trotz mancher positiver Bezugnahmen auf Cremer in der neueren Theologie[35] immer noch ausstehende Aufnahme der Arbeit Cremers wird allerdings mögliche Schwächen nicht übersehen dürfen. Cremer stand in den letzten Jahrzehnten in einem ständigen Kampf gegen den Siegeszug der Ritschlschen Theologie. Dieser Kampf machte ihn zu einem der tiefblickendsten Kenner der Theologie Ritschls. Zugleich scheint aber diese Auseinandersetzung, obgleich sie eine so eminent kritische war, nicht ganz ohne Rückwirkung auf seine eigene Position geblieben zu sein. Kein Geringerer als sein Freund Schlatter macht darauf aufmerksam, dass Cremer stärker unter Ritschls Einfluss stand „als es nach meiner Meinung für die Kraft seiner Theologie nützlich war“.[36]

---

[35] Vgl. K. Barth, Kirchliche Dogmatik II, 1, S. 291 („hervorragend lehrreiche Schrift“), vgl. die – z.T. auch kritischen – Bezugnahmen ebenda S. 317, 320, 326, 430, 480; E. Brunner, Die Christliche Lehre von Gott. Dogmatik I, S. 299: „Es ist besonders das Verdienst Hermann Cremers, ... in seinem hervorragenden kleinen Buch ‚Die christliche Lehre von den Eigenschaften Gottes‘ als erster den Gegensatz zwischen der traditionellen Eigenschaftslehre und dem biblischen Gottesgedanken nachgewiesen zu haben. ... von Cremer ist auch mir vor 20 Jahren, als ich Dogmatik zu lehren begann, der Star gestochen worden“, vgl. S. 301 „die bahnbrechende Leistung Cremers“; Otto Weber, Grundlagen der Dogmatik I, S. 446 („bedeutsame ... Monographie), vgl. ebenda S.450f, 502; E. Jüngel, Gott als Geheimnis der Welt, Tübingen 1977, S.307 („Das Buch verdient mehr Beachtung, als ihm in der theologischen Diskussion zuteil wird“). Erst jüngst geht W. Pannenberg in seiner Gotteslehre ausführlich auf Cremers Arbeit ein und nennt sie, fast hundert Jahre nach ihrem Erscheinen, den „bedeutendsten Beitrag(s) der neueren Theologie zur Lehre von den Eigenschaften Gottes“, W. Pannenberg, Systematische Theologie, Band 1, Göttingen 1988, S. 398.

[36] A. Schlatter, Rückblick aus seine Lebensarbeit, Gütersloh 1952, S. 142; W. Pannenberg vermutet unter Verweis auf Cremers Arbeit über die Eigenschaftslehre: „Der Einfluss der antimetaphysischen Haltung der Gotteslehre Ritschls ... auf Kreise, die Ritschl sonst ferner standen, dürfte besonders durch H. Cremer vermittelt worden sein“, W. Pannenberg, Die Aufnahme des philosophischen Gottesbegriffs als dogmatisches Problem der frühchristlichen Theologie,

Hierher dürfte etwa Cremers Konzentration oder auch Beschränkung des Offenbarungsgedankens auf die Erlösungsoffenbarung gehören: „Wir kennen Gott durch sein tatsächliches Verhalten, durch seine Offenbarung … durch die Erlösung, die er uns anbietet.“[37] Werden hier nicht biblische Aussagen wie Römer 1,18ff oder Apostelgeschichte 14,15f ausgeblendet? Ist nicht Gottes Handeln als Schöpfer auch „sein Handeln für uns und an uns“[38]? Gerade für die liberale Theologie der Ritschl-Schule (und die dialektische Theologie aller Richtungen übernahm dies Erbe) war es ja typisch, dass sie in ihrem Denken – bedrängt von der Naturwissenschaft – die Natur und damit auch den Schöpfungsglauben verdrängte. Wo die Schöpfungswirklichkeit zugunsten der Geschichte aus dem Blick gerät, wird schließlich Letztere nur zu leicht zur bloß aktualistischen Geschichtlichkeit ohne Kontinuität und mithin ohne jedes Sein verfälscht.

Cremer selbst lag solche Konsequenz sicher fern. Sein Ansatz aber barg diese Gefahr in sich. Unter seinen Schülern hat insbesondere Lütgert sie erkannt und zu überwinden gesucht.[39] Dass Cremer nicht wirklich in jenen Alternativen dachte, zeigt seine Integration der „allgemeinen“ Eigenschaften Gottes in die von der (Erlösungs-)Offenbarung gegebenen. Bezeichnend ist etwa, dass er einerseits die Problematik des Begriffs der Unveränderlichkeit Gottes sieht, andererseits ihn aber auch nicht (wie es heute unter existentialistischem Vorzeichen üblich ist) einfach verwirft, sondern vom biblischen Gedanken der Ewigkeit her neu füllt und umprägt.[40]

So ist hier bei Cremer die Theologie an die lebendigen Quellen biblischer Erkenntnis geführt. Allein dies schon dürfte den erneuten Nachdruck dieses Werks rechtfertigen. Uns ist dabei nicht aufgegeben, Erkenntnisse der theologischen Väter einfach als Formeln zu übernehmen, wohl aber uns durch sie zu eigener Erkenntnis biblischer Wahr-

S. 297, Anm. 9, in: ders., Grundfragen systematischer Theologie. Gesammelte Aufsätze, Göttingen 1967, S. 296-346.

[37] H. Cremer, a.a.O., S. 23.

[38] H. Cremer, ebd.

[39] W. Neuer im Vorwort zur Neuausgabe von W. Lütgert, Schöpfung und Offenbarung, Gießen 1984, S. 5-6.

[40] H. Cremer, a.a.O., S. 106f.

heit in unserer Zeit ermutigen und helfen zu lassen. Eben dies aber vermag ein Mann wie Hermann Cremer in hohem Maße.

Hinweise zum Lesen des Buches

Der theologiegeschichtlich nicht geschulte Leser wird in der Regel insbesondere bei den ersten Kapiteln einige Mühe mit dem Verstehen des Gelesenen haben. Vielleicht ist es dann empfehlenswert, um voreilige Ermüdung oder Resignation zu verhindern, bei den Kapiteln III und IV zu beginnen, also bei der Entfaltung der Eigenschaften Gottes selbst.

Cremers sehr konzentrierte Studie erfordert vom Leser viel Einsatz und Geduld. Erst ein mehrmaliges Lesen wird den Reichtum dieser Schrift erschließen. Aber solche Ausdauer dürfte reich belohnt werden.

Vielleicht können auch die für diesen Nachdruck erstellten Autoren- und Begriffsregister sowie die Übersetzung lateinischer Zitate eine gewisse Hilfe für den Leser sein.

Der Text selbst wurde grundsätzlich unverändert gelassen, auch in der Schreibweise, nur einige offensichtliche Fehler des Originaldrucks von 1897 wurden korrigiert:

S. 10, Zeile 9 v.u.: inadaequati (statt: inadaequatae);
S. 39, Zeile 6: dem κοινον (statt: den κοινον);
S. 40, Zeile 6: 103,6 (statt: 103,36);
S. 40, Zeile 14 v.u: 78,41 (statt: 78; 41) und 89,19; (statt: 89,19.);
S. 41, Zeile 13: Namen; (statt: Namen?);
S. 49, Zeile 25: Gesetz der (statt: Gesetz des);
S. 57, Zeile 7 v.u.: Obadja 15.21 (statt: Obadja 15,71);
S. 66, Zeile 20: Definition (statt: Definiton);
S. 90, Zeile 11: Christenheit, (statt: Christenheit);
S. 96, Zeile 3 v.u.: Hebr (statt: Hbr.);
S. 101, Zeile 7 v.u.: Tyrus' (statt: Tyrus);
S. 109, Zeile 4 v.u.: Herrlichkeit (statt: Heiligkeit);
Zeile 3 v.u.: Exod. 33,19 (statt: Exod. 33,21).

Herrn Pfr. i.R. Reinhard Fritsche, Eltmann, danken wir herzlich für die sorgfältige Abschrift des gesamten Textes, wodurch das Buch mit moderner Druckschrift für den heutigen Leser wesentlich lesefreundlicher wurde als im Originaldruck.

Sommer 1983 / überarbeitet Sommer 2004 Helmut Burkhardt

Einleitung

Die Unfruchtbarkeit des Lehrstücks von den Eigenschaften Gottes in seiner bisherigen Behandlung in der Dogmatik und im kirchlichen Unterricht ist ein offenes Geheimnis. An keiner Stelle der Dogmatik sind inhaltlich die Traditionen der Scholastik weniger aufgegeben, nirgend sucht man formell die Lösung der Probleme mehr auf dem Wege scholastischer Begriffsspaltung, als hier. Noch immer fragt man, ob es überhaupt möglich sei, Gott Eigenschaften beizulegen, ob denselben etwas Wirkliches in Gott entspreche, auf welchem Wege sich das Problem der Kongruenz des Willens und Vermögens Gottes lösen lasse etc., als hätten wir es immer noch mit dem irreligiösen Begriff des reinen Seins oder des Absoluten zu thun, wenn man auch schamhaft das Absolute nur als das bloß logisch erste Moment im Begriffe Gottes bezeichnet. Und weil das Prädikat Gott an sich schon für das Subjekt dieses Prädikats, für den, der Gott ist, gewisse Eigenschaften im Unterschiede von der Welt ergiebt, während andere Eigenschaften erst durch die Erkenntnis des Subjektes dieses Prädikates gewonnen werden, so gewinnt die Eigenschaftslehre günstigstenfalls den Charakter einer Komposition aus *articulis mixtis* und *puris*, wodurch dann leider die *articuli puri* mehr verschlechtert, als die *articuli mixti* gebessert werden. Ich berufe mich hierfür ebenso auf den losen Zusammenhang, in welchem in der Regel die Eigenschaftslehre mit dem übrigen Inhalt der Dogmatik steht, wie auf die Thatsache, daß von allen Aussagen der Dogmatik diejenigen über die Eigenschaften Gottes am wenigsten durchklingen in der kirchlichen Verkündigung, und daß ihnen das geringste Interesse in der Gemeinde und namentlich seitens derer entgegenkommt, die das größte Verlangen nach dem Evangelium und nach Erkenntnis der Wahrheit bekunden. Wenn die Eigenschaftslehre ein wesentliches Stück der christlichen Gotteserkenntnis, der Erkenntnis Gottes in seiner Offenbarung zum Ausdruck bringt / oder bringen soll, wie kommt es dann, daß das Interesse daran sich fast nur auf die theologischen Kreise beschränkt? Und selbst, wenn nur die wissenschaftliche Darstellung der christlichen Lehre dieses Lehrstücks bedürfte, um das Verhalten Gottes in seiner Offenbarung wissenschaftlich zu verstehen und um unsere Erwartungen von ihm zu begründen, – wie kommt es, daß dieses Lehrstück die Probleme in der Erscheinung Christi nicht löst, sondern steigert, so sehr steigert, daß auf der einen Seite Thomasius sich nur mit einem Verzicht des „Logos" auf gewisse göttliche Eigenschaften zu helfen weiß, auf der andern Ritschl und seine Schule auf die wesentliche Gottheit Christi ganz verzichten? Bei dieser Lage der Sache kann man es nachfühlen, weshalb Melanchthon eigentlich auch heute noch die Eigenschaftslehre aus der Dogmatik ebenso wie damals aus der ersten Ausgabe seiner *loci* verweisen müßte, denn förderlich für christliches Glauben und Erkennen ist auch heute noch die Behandlung derselben nur selten und höchstens in geringem Grade. Man fragt unwillkürlich bei einer Reihe von Aussagen, denen man zu begegnen pflegt: was ist nun Christliches darin enthalten?

Daß es nicht so sein sollte, liegt auf der Hand. Aussagen über Gott, die nicht in direktem Zusammenhange mit unserer Erlösung stehen, sind für den Glauben und die Glaubenslehre unbrauchbar. Ein mühsam auf dem Wege langsam verknüpfender Reflexion hergestellter Zusammenhang bessert daran nichts. Ist und will der Gott, der sich als Liebe geoffenbart hat, alles, was er ist, für uns und in völliger Gemeinschaft mit uns sein, so ist keine Aussage richtig, die nicht dazu dient, dies zur Erkenntnis und zum möglichst wirksamen Ausdruck zu bringen. Eine bloße Verstärkung der Aussage: „Gott ist die Liebe" etwa durch die Hinweisung darauf, daß dieser Liebe auch das Prädikat der Allmacht, der Allgegenwart, der Ewigkeit zukomme, ist ja immerhin etwas, aber immer noch nicht das, was z.B. Eph 1,19ff von der Macht Gottes aussagt, und läßt unser Heil nicht als das Produkt der Bethätigung aller Eigenschaften Gottes erscheinen. Dies aber ist erforderlich, wenn es wirklich *Eigenschaften* Gottes sind, mit denen wir es zu thun haben.

Möglich aber ist eine solche Behandlung der Eigenschaftslehre nur, wenn wir von der Offenbarung selbst, von dem durch dieselbe und in derselben bethätigten und im Zusammenhange mit / ihr an uns sich bethätigenden, unsern Glauben bewirkenden Verhalten Gottes ausgehen. Denn wir kennen Gott nur durch sein Handeln für uns und an uns; unser Glaube wird nur durch sein Objekt, also nur durch Gott selbst in seinem Verhalten zu uns bewirkt. Darum können wir von Gott nichts aussagen, was wir nicht objektiv durch sein Verhalten, subjektiv durch den dadurch bewirkten Glauben wissen, also so, daß die Priorität auf seiten Gottes liegt. Dies vernachlässigt zu haben ist der Vorwurf, der gegen die Behandlung der Eigenschaftslehre durchgängig erhoben werden muß. Auch Ritschl und H. Schultz machen darin keine Ausnahme. Versuchen wir daher, dem Anspruch der Offenbarungsreligion entsprechend, die Lehre von den Eigenschaften Gottes so darzustellen, wie sie als Ergebnis der Offenbarung zugleich zu ihrer Erklärung dient.

I.
Begriff der Eigenschaften Gottes

Den Glauben der Gemeinde wird es immer befremden, zu vernehmen, wie der Platonismus der griechischen Väter mit der Frage rang und die Scholastik an ihr sich abarbeitete, ob Gott Eigenschaften zukämen. Angesichts der darüber aufgestellten Theologumena mit ihren vermeintlichen Lösungen des Problems, die doch noch nie dazu gedient haben, die christliche Verkündigung zu vertiefen oder wirksamer zu gestalten, fühlt man sich dann wie von einem Banne befreit durch den Mut Melanchthons, dies ganze Lehrstück in der ersten Ausgabe seiner *loci* über Bord zu werfen. Nur zu bald aber kehrt es wieder, und man wird schwerlich sagen dürfen, daß nur ein abnehmendes religiöses Interesse und ein zunehmendes formal-wissenschaftliches Interesse, nur das Bedürfnis, die Theologie in Kontakt zu erhalten mit der Philosophie, Melanchthon selbst bewog, es wieder aufzunehmen und die alten Fragen wieder zu erneuern. Befremdet fragt man, ob es wirklich an dem sei, daß der Anwendung des Begriffs der Eigenschaften auf Gott so große Schwierigkeiten entgegenstehen, Schwierigkeiten, die Quenstedt zu der Erklärung veranlassen, die Eigenschaften Gottes seien *nihil aliud quam conceptus essentiae divinae inadaequatae*, Schleiermacher aber zu dem Satze führen, daß die Eigenschaften nicht etwas Besonderes in Gott, sondern nur etwas Besonderes in der Art bezeichnen, das schlechthinnige Abhängigkeitsgefühl auf ihn zu beziehen. Dann würde für die wissenschaftlich denkenden Theologen nichts anderes übrig bleiben, als eine *reservatio mentalis*, wenn die Sprache des Glaubens und die Aufgabe der christlichen Verkündigung es unmöglich machen, von Eigenschaften Gottes zu schweigen. Denn daß man jenen Gedanken der eigentlichen Eigenschaftslosigkeit Gottes / nicht predigen kann, liegt auf der Hand. Seit der Zeit der griechischen Väter ist es der auf Gott angewendete Begriff des reinen Seins, des Absoluten, der es unmöglich erscheinen ließ, Gott Eigenschaften zuzuerkennen. Jenseits der Welt des bedingten und darum bestimmten und begrenzten Seins soll das reine Sein, das Absolute, liegen, τὸ ὄντως ὄν, von Aristoteles prädiciert als τὸ πρῶτον κινοῦν μὴ κινούμενον, und als dieses sieht man Gott an, um ihn von der Welt zu unterscheiden und die Welt zu erklären. Durch Entschränkung des Weltgedankens glaubt man Gott zu gewinnen. Eigenschaften aber verleihen ihm dann wieder eine Bestimmtheit und dadurch Beschränktheit, welche ihn dem bedingten, geformten und darum in seiner Wirkungsfähigkeit beschränkten Sein, also der Welt, einordnen, so daß man dann nicht mehr an ihn glauben, von ihm *alles* hoffen kann. Denn der Gott, an den man soll glauben können, muß schlechthin unbeschränkt sein. Dies war das religiöse Interesse der Väter an dem sonst irreligiösen Begriff des reinen Seins oder des Absoluten und damit an der Ausschließung und nur bedingungsweisen Zulassung des Begriffs der Eigenschaften Gottes. Man übersah, daß es erst recht unmöglich ist, an das Absolute zu glauben, und nur der Umstand, daß man es mit dem in Christo offenbar gewordenen lebendigen Gott identifizierte, der als wirklich aller Dinge frei mächtig erkannt war, rettete einem Begriff das Leben, der bis dahin die Frage des Gott suchenden Menschengeistes doch nicht beantwortet, sondern nur verschärft hatte. Das reine Sein war der letzte Gedanke der Philosophie. Die Brücke von dort zu dem Sein der Welt brach immer wieder, wenn man sie glaubte dialektisch geschlagen zu haben. Da erschien im Evangelium von Christo der aller Dinge mächtige Gott. Er war's, den man gesucht hatte. Er verlieh, wie es schien, dem Gedanken des reinen Seins, das aller Dinge Ursache sein soll, Wirklichkeit. Man fragte nicht, ob dieser Gedanke als Formel für das Wesen Gottes neben der Erkenntnis des wirklichen lebendigen Gottes aufrecht zu erhalten sei. Man setzte beide Größen in dem aristotelischen Gedanken des *primum movens*, des *actus purus* gleich. Gebannt in diesen Gedankenkreis fürchtete man, Gott durch Beilegung von Eigenschaften wieder zu verlieren, obschon man in der Wirklichkeit nicht umhin konnte, von Gerechtigkeit, Barmherzigkeit, Geduld etc., also von Eigenschaften Gottes zu reden. Aber nur der populäre Sprachgebrauch konnte sich das gestatten. /

Später ändert sich in etwa das Motiv. Sobald man von Eigenschaften Gottes redet, kommt man, wie es scheint, in die Lage, ihm entgegengesetzte, wie z.B. Gerechtigkeit und Barmherzigkeit zuschreiben zu müssen, wie man sie in seinem Verhalten, in seiner Selbstbethätigung an der Welt und für die Welt wahrnimmt und glaubt. Das würde ergeben, daß durch solche Eigenschaften etwas zum Wesen Gottes hinzukomme, wie etwa beim Menschen, beim Christen zu dem, was er als Mensch, als Christ ist, noch die Eigenschaft eines besonderen Temperaments, einer besonderen Begabung, hinzukommt. Dem mußte man entgehen, wollte man die dem Glauben unentbehrliche Unveränderlichkeit Gottes festhalten. Auf der andern Seite galt es, die Freiheit des göttlichen Handelns zu retten, für die das auch anders können unentbehrlich erschien. Denn wenn die Eigenschaften etwas zum Wesen Gottes Gehöriges, nicht etwas Hinzukommendes sind, so scheint ja die Möglichkeit des Auch-anders-könnens ausgeschlossen. Und doch ist vom Glauben das Bekenntnis unabtrennbar, daß Gott mit uns und an uns auch anders handeln kann, als er thut. Er darf nicht durch eine wenn auch in ihm selbst liegende, doch seiner mächtige, Notwendigkeit handeln. Sonst kann man ja nicht zu ihm beten. Das Gute muß gut sein, weil Gott es will, nicht umgekehrt muß Gott es wollen, weil es gut ist. Bei den reformatorischen und nachreformatorischen Theologen tritt noch ein anderes Motiv auf. Den Eigenschaften, sagt Quenstedt, entspricht etwas Wirkliches in Gott, aber *intellectus noster finitus infinitam et simplicissimam Dei essentiam uno conceptu adaequato adaequate concipere nequit.* Darum legen wir es in einzelnen Vorstellungsformen auseinander, so daß ein unzulässiges Nebeneinander zu entstehen scheint.

So sind es zwar überall religiöse Motive, welche für die Aufnahme dieses der Philosophie entlehnten Satzes von der Eigenschaftslosigkeit Gottes im strengen wie im abgeschwächten Sinne geltend gemacht werden. Befremdend aber bleibt es für den Glauben immer, und wir haben ernstlich zu fragen, ob die christliche Glaubenswissenschaft wirklich genötigt ist, auf die Anerkennung von Eigenschaften Gottes zu verzichten, oder richtiger, ob wir für die durch die Offenbarung uns kund werdenden Eigenschaften Gottes auf das wissenschaftliche Bürgerrecht verzichten müssen? /

Der Glaube, der auf Gottes Gnade traut, den heiligen Namen Gottes preist und auf Gottes Gerechtigkeit hofft, kann nicht darauf verzichten. Aber auch die Glaubenswissenschaft braucht es nicht bloß nicht, sondern darf es nicht einmal. Sie hat sich nur zu vergegenwärtigen, daß sie es, wie der Glaube selbst, mit einem ganz andern Rätsel zu thun hat, als mit dem, dessen Lösung die alte Philosophie auf dem Wege der Entschränkung des Weltgedankens suchte. Sie hat nicht das Rätsel des bedingten Seins oder der Natur zu lösen, – eine Annahme oder stillschweigende Voraussetzung, welche der Theologie alter und neuer Zeit unendlich geschadet hat. Dies Rätsel löst sich von selbst, wenn das andere unendlich größere Rätsel, das eigentliche Welträtsel gelöst ist, nämlich das Rätsel der Geschichte. Bleibt dieses ungelöst, so würde auch die Lösung jenes andern Rätsels nichts helfen. Für dieses eigentliche Rätsel hatte die alte Welt entweder keinen Sinn, oder so weit sie ihn hatte, suchte sie die Lösung in der des Naturrätsels, wenn auch nicht wie die heutige Naturwissenschaft in wenigstens teilweisem Bewußtsein ihrer Schranken auf dem Wege der exakten Forschung, sondern auf dem der philosophischen Spekulation. Nur Israel empfand und kannte dies eigentliche Welträtsel und hat demselben so tief ergreifenden Ausdruck verliehen, daß schon in dieser einzigen Beziehung Israels Litteratur selbst die griechische Tragödie überragt. Ich erinnere nur an der 68. und 73. Psalm und an das Buch Hiob.

Dieses Rätsel besteht nicht in dem Zusammensein von Geist und Natur, und wird weder gelöst durch die Erkenntnis, wie sich der Geist von der Natur abhebt, noch dadurch, daß der Weg gefunden wird, auf dem der Geist seine Selbständigkeit erhält gegenüber der Natur. Diese Fragestellung ist nur eine andere Form des Naturrätsels. Das Rätsel der Geschichte ist dies: wie kann eine Welt bestehen, die an sich selbst und zwar nicht an ihrer Endlichkeit und Vergänglichkeit, sondern an dem in ihr herrschenden Gesetz der Sünde und des Todes, an dem davon beherrschten Geschichtszusammenhange zu Grunde gehen muß? Das ist die Frage, die den Forscher, den Denker ebenso quälen muß oder müßte, wie sie den gemeinen Mann quält, der in seiner eigenen Person nicht bloß unter dem Gesetz des Todes, sondern der Sünde und des Todes und unter dem dadurch bestimmten / Geschichtszusammenhange in seinem Lebenskreise leidet. Das ist die Frage, die für jeden brennend ist, eine Frage, zu deren Stellung nicht erst ein gewisses Maß von Bildung, sondern nur ein nicht zum Schweigen gebrachtes Gewissen befähigt und nötigt, die nicht gelöst wird durch die Annahme einer „Vernunft in der Geschichte", welche mindestens nicht von jedem wahrgenommen werden kann und wird. Und doch muß ihre Lösung, wenn sie wirklich Lösung des Rätsels sein soll, gemeinverständlich sein, was man von der Formulierung und Beantwortung des Naturrätsels nicht sagen kann, auch nicht mehr zu sagen wagt, solange Dubois-Reymond mit seinem *ignoramus, ignorabimus* recht behält. Findet diese Frage eine das Gewissen und dadurch das Denken – nicht umgekehrt – befriedigende Antwort, so löst sich auch die weitere Frage nach Zweck und Ziel der Geschichte und auch noch andere Fragen.

Hoffnung auf dieses Rätsels Lösung, das ist die Bedeutung der Messiashoffnung Israels. Die Lösung zu bringen, ist des Messias Amt und Beruf. Darum lautet des Täufers und Jesu Verkündigung: das Reich Gottes ist nahe gekommen. Daß Jesus der Christ ist, das ist die Lösung, die Erlösung. Daß er es ist, daß man im Blick auf ihn geduldig und in aller Zuversicht warten kann auf seinen Tag, wo er sich restlos verwirklichen wird an seiner Gemeinde, die bis dahin sich genügen lassen muß an der ἀπαρχή und dem ἀρραβὼν τοῦ πνεύματος, das ist der Glaube der messianischen Gemeinde, in welchem sie auf die Parusie wartet und von dem, der zur Rechten Gottes erhöht ist, bekennt: „von dannen er kommen wird, zu richten die Lebendigen und die Toten." In der Sendung Jesu, des Messias, haben wir die Offenbarung, die Selbstbethätigung Gottes für die an sich selbst zu Grunde gehende Welt. In Christo haben wir die Offenbarung Gottes, die das Welträtsel, das Rätsel der Geschichte löst, nicht durch Aufschluß, durch Unterweisung, sondern durch eine Selbstbethätigung, in der sich uns nun Wesen, Wille und Vermögen Gottes, die Wirklichkeit Gottes erschließt. Diese Wirklichkeit Gottes, in der er sich dem Glauben darbietet, ist eine ganz andere, als die des „reinen Seins" im Unterschiede von dem bedingten Sein. Die Glaubenswissenschaft aber hat die Aufgabe, diesen Unterschied, der weit größer ist, als der zwischen Natur und Geschichte, zu erkennen. Sie darf sich ihre Aufgabe / nicht durch den letzten Gedanken der Philosophie stellen lassen, als bestünde sie darin, sei es die Identität des „reinen Seins", des „Absoluten", der entschränkten Welt, mit dieser Wirklichkeit Gottes darzuthun oder höchstens diesen Begriff dadurch zu bereichern und in etwa zu korrigieren, daß sie ihn auf den überträgt, der Gott ist. Es ist verhängnisvoll für die Theologie geworden, daß die alten Apologeten, statt geistesmächtig der widerstrebenden Bildung die richtige Fragestellung in betreff des Welträtsels zugleich mit der Darbietung seiner Lösung aufzunötigen, vielmehr selbst im Bannkreise dieser Bildung sich damit begnügten, für jenen letzten Gedanken der Philosophie die lange gesuchte Wirklichkeit in dem Gott der Offenbarung aufzuzeigen. So erklärt es sich, daß die in dem „ältesten Dogma der Christenheit", in der Parusiehoffnung, ernstlichst festgehaltene Lösung des eigentlichen Welträtsels keinen Einfluß hatte auf die Verhandlung mit den Gebildeten und auf die wenn auch mehr oder weniger doch immerhin wissenschaftliche Darstellung der christlichen Gotteserkenntnis. Wären die „Dogmen“ der Philosophie nicht so mächtig gewesen, so wäre es nicht zu verstehen, daß das, womit das Evangelium Glauben gewann und wirkte, so einflußlos blieb für diese Aufgabe und daß die Offenbarung der Wirklichkeit Gottes wesentlich als Befriedigung des alten intellektuellen Bedürfnisses geltend gemacht wurde. Auch waren die Zeiten noch nicht elend genug, um wie später zur Zeit Augustins Boden für den Versuch einer neuen Fragestellung zu finden. Als aber Augustin diese Fragestellung in der ersten Schrift des kirchlichen Altertums über das eigentliche Welträtsel, in seinen Büchern *de civitate Dei* aufnahm, da hatte diese Arbeit einen andern Zweck und eine andere Wirkung, als die einer Umbildung der Gotteslehre. Es hängt aber mit der Geschichte der abendländischen Bildung eng zusammen, daß jahrhundertelang wenigstens von den auf diesem Gebiete führenden Geistern die Differenz zwischen dem praktischen Interesse des Glaubens an die Offenbarung Gottes in Christo und der wissenschaftlichen Formulierung des Gottesgedankens und der Gotteslehre nicht stark genug empfunden wurde. Dies war erst der Reformationszeit vorbehalten, – freilich, wie wir gesehen haben, ohne einen entscheidenden nachhaltigen Einfluß auf die theologische Behandlung zu gewinnen.

Wir aber haben keinen Grund, in den alten Geleisen zu / bleiben. Wir können es nicht, sobald uns der große Unterschied zwischen der Frage, welche die Philosophie stellte und nie beantworten kann, und der Frage, welche die Offenbarung beantwortet, klar geworden ist. Wir sind an die Offenbarung gewiesen, nicht weil sie das letzte Mittel ist, um Aufschluß zu gewinnen, den die Vernunft durch sich selbst zu finden nicht imstande ist, sondern weil wir in ihr die Wirklichkeit Gottes haben, eine Wirklichkeit, welche uns die richtige Fragestellung zeigt und zugleich die Antwort giebt und damit von dem Zwange jener aussichtslosen Wege befreit. In seiner Offenbarung handelt Gott, und dadurch erkennen wir nicht sowohl, daß Gott ist, – das ist mindestens viel zu wenig gesagt, wenn es auch richtig ist, daß die Selbstbethätigung Gottes, in der er als der, der Gott ist, erkannt wird, die Frage, ob er wirklich ist, endgültig entscheidet bezw. überflüssig macht, – sondern wer Gott ist und was für ein Gott er ist. Dies hängt mit dem Zweck der Offenbarung, der Bewirkung des Heils, der Erlösung zusammen. Nicht Bewirkung von Erkenntnis, sondern Bewirkung, Beschaffung und Zueignung des Heils ist der Zweck der Offenbarung, – darüber herrscht zur Zeit noch Einverständnis unter den Theologen, namentlich seit C. Ludw. Nitzsch und C. Imm. Nitzsch, wenn auch die Vorstellungen über das, was Offenbarung nun wirklich ist, weit auseinander gehen. Bewirkung von Erkenntnis ist Ergebnis und wird nur bezweckt, sofern sie Mittel ist, nämlich, sofern es natürlich notwendig ist, daß dies auf den Zweck der Erlösung gerichtete Handeln Gottes von denen auch erkannt werde, denen es gilt. Ist aber ein auf einen bestimmten Zweck gerichtetes Handeln, zweckvolle Selbstbethätigung Gottes Inhalt seiner Offenbarung, in der er sich selbst unserm Glauben darbietet, so ergiebt sich, daß und weshalb der Gott der Offenbarung ohne die in diesem zweckvollen Handeln sich erschließenden Eigenschaften oder Bestimmtheiten seines Willens und Vermögens nicht geglaubt und darum auch nicht gedacht werden, überhaupt nicht sein kann. Ein Gott, der nicht handeln kann, sich nicht an der Welt bethätigen kann, ist nicht lebendig, ist nicht Gott. Der Gott, der handelt, der Zwecke setzt und verwirklicht, kann ebensowenig eigenschaftslos sein, wie sein Handeln. Gehört es aber zu Gott, daß er sich bethätigt und ist seine Bethätigung in der Erlösung diejenige Bethätigung, durch die er sich als Gott erweist, d.h. als der, an dessen Willen, Vermögen / und Verhalten die Welt durchaus gebunden ist, so sind die in seiner Bethätigung sich kund gebenden Eigenschaften seines Willens und Vermögens auch Eigenschaften seines Wesens. Wird durch seine Bethätigung offenbar, daß und wie er Gott ist, also von allem, was sonst ist, unterschieden, so sind seine Eigenschaften solche, die in der Weise, wie sie ihm eignen, auch ihm allein zukommen. Sie beschränken ihn nicht, sondern in ihnen offenbart er sich. Sie sind somit Eigenschaften in dem Sinne, in welchem das Subjekt derselben ohne solche überhaupt nicht ist, nicht sein kann. Sie sind das zum Was gehörige Wie, das nicht fehlen kann, während natürlich Eigenschaften im Sinne von *attributa accidentalia*, Eigenschaften, die fehlen oder anders sein können, ihm nicht eignen. Von solchen Eigenschaften kann nur die Rede sein, wo Gattung und Individuum zu unterscheiden sind. In jenem Sinne des zum Was gehörigen, dadurch bewirkten Wie redet z.B. auch die Naturwissenschaft von Eigenschaften der Körper, die sie beschreibt.

Genauer bestimmt sich nun der Begriff der Eigenschaften Gottes, wenn wir das Wesen Gottes, wie es in seiner Offenbarung in Christo sich erschließt, ins Auge fassen. Das Wesen Gottes ist das, was ihn zu Gott, zu dem macht, der er für uns ist, zum Herrn aller Dinge, zur Quelle des Lebens, zu unserm einzigen und ewigen Halt. In diesem und nur in diesem Sinne giebt es für uns eine Erkenntnis des Wesens Gottes, nicht in dem der philosophischen Spekulation, welche zu erklären sucht, wie es kommt, daß Gott ist. Wir unterscheiden den Begriff Gottes und das Wesen Gottes. Der Begriff Gottes ergiebt sich, wenn wir uns besinnen, daß „Gott" nicht Eigenname, sondern ein Appellativum, also ein Prädikat ist und besagt, daß das Subjekt dieses Prädikats die der Welt schlechthin übergeordnete Macht ist, an die, an deren Willen und Bethätigung die Welt gebunden ist. In seiner Offenbarung erweist sich der Vater unseres Herrn Jesu Christi als diese Macht, an die die Welt unbedingt, völlig und ewig gebunden ist, als der, der wirklich und allein Gott ist. Nicht bloß, wie er diese Macht ausübt, erkennen wir aus seiner Offenbarung, so daß die letztere etwa unter den verschiedenen denkbaren Möglichkeiten der Machtausübung diejenige kund thäte, welche nun durch den Willen Gottes zur Wirklichkeit geworden ist. Vielmehr erkennen wir, daß gerade diese Machtausübung und nur sie es ist / und sein kann, durch welche er die Welt an sich bindet, daß gerade dies die höchste Machtübung ist, nicht, die sich denken läßt, sondern die „alles Denken übersteigt", die wir nicht einmal ahnen würden, geschweige denn denkgesetzlich entwickeln können, wenn sie nicht thatsächliche Wirklichkeit wäre. Erst durch sie erkennen wir, was dazu gehört, um Gott zu sein in dem ganzen nun sich erschließenden wunderbaren Inhalt dieses Begriffs. Das aber, was dazu gehört, um Gott zu sein, wodurch dieses sein Verhalten und Verhältnis bewirkt wird, das ist für uns sein Wesen. Wir erkennen nicht, wie es kommt, daß er ist, – das geht trotz aller Ansprüche der Spekulation über menschliches Vermögen hinaus, – aber wir erkennen, wie es kommt, daß er Gott ist, und damit, wie es kommt und was das für uns austrägt, daß wir an ihn gebunden sind.

Um dies nun so auszudrücken, wie es der in der Offenbarung sich erschließenden Wirklichkeit Gottes entspricht und wie es uns in den Stand setzt, die Eigenart seines Verhaltens, seiner Bethätigung zu verstehen, ist es nicht genug, mit Nitzsch zu sagen, Gott sei das unendliche persönliche Sein des Guten, oder mit Hermann, Gott sei der persönliche Wille des Guten. Beide Formeln enthalten nichts Unrichtiges, aber treffen nur etwas, nicht alles, und nicht das Wesentliche in der

Offenbarung Gottes in Christo, daß er gerade in dieser Weise die Wirklichkeit des Guten ist und will, wie er es hier bethätigt. Sie lassen nicht erkennen, daß gerade das und nur das das Gute ist, was uns hier erscheint. Wir müssen deshalb unsere Aussage über das Wesen Gottes enger und unmittelbarer an seine Offenbarung in Christo anschließen. In ihr erscheint und bethätigt er sich als der, der ganz Liebe ist, nicht etwa bloß Liebe hat und hegt, sondern ist, das heißt, der alles, was er ist, für uns und mit uns sein will und ist und uns für sich haben will, oder der ganz darin aufgeht, für uns und in Gemeinschaft mit uns sein zu wollen und zu sein. Das ist sein Wesen, das Innerste, das ihn erfüllt; so ist er der, der unser Sein, unser Leben bedingt und bewirkt. Wir kennen ihn nicht anders und haben ihn nicht anders als in seinem auf uns gerichteten sich bethätigenden Willen, der unsere zu sein, uns zu gehören, wie man einander gehört, oder in seiner Liebe. Er will nicht ohne uns sein. Nur dadurch sind wir, nur dadurch hat er uns erlöst. Darum gehört zu seinem Wesen sein Verhalten, und / die Bestimmtheit seines Verhaltens durch sein Wesen ergiebt seine Eigenschaften, in denen sich der Unterschied Gottes von uns, von denen, zu denen er sich verhält, in all den Beziehungen ausprägt, die durch die Thatsache des Verhältnisses gesetzt sind. Sie sind also die in allen Beziehungen, welche das Verhältnis zu uns mit sich bringt, für uns und an uns sich bethätigende Unterschiedenheit Gottes von uns, die Bestimmtheit seiner Erscheinung in seinem Verhalten durch sein Wesen. Wenn aber das Verhalten und das Wesen Gottes so zusammengehören, daß ersteres die vollendete Bethätigung seines Wesens ist, so sind die Eigenschaften Wesenseigenschaften und wir haben weder Veranlassung noch überhaupt die Möglichkeit, zwischen Eigenschaften der „Abgezogenheit“ und „Bezogenheit“ oder der Selbstbeziehung und Weltbezogenheit, oder zwischen ontologischen und ökonomischen, transcendenten und transeunten Eigenschaften zu unterscheiden. Jede derartige wenn auch immer nur begriffliche Unterscheidung enthält nicht bloß keine Förderung oder Vertiefung unserer Gotteserkenntnis, sondern bewirkt eher eine Schädigung derselben, indem es dann fast unmöglich wird, festzuhalten, daß es das Wesen und zwar das ganze Wesen Gottes ist, welches in seiner Offenbarung sich uns dargiebt und sich dadurch erschließt. Wenn Gott sich ganz uns giebt und dadurch von uns erkannt wird, als der ganz für uns ist und sein will, so liegt jenseits seiner Offenbarung nichts mehr, wenngleich die Ewigkeit nicht ausreicht, um alles auszuschöpfen, was er für uns ist. Ist er aber alles, was er ist, für uns in seiner Offenbarung, in seinem Verhalten, so eignen ihm auch überhaupt keine andern, weder ontologischen noch ökonomischen Eigenschaften, als die wir in seiner Offenbarung erkennen, zumal sein Wesen als Liebe es mit sich bringt, daß er in jeder, durch das Verhältnis zu uns gesetzten Beziehung und also in jeder Eigenschaft sein ganzes Wesen bethätigt, oder daß in jeder Eigenschaft alle andern mitgesetzt sind. Ist dies aber der Fall, so kann auch weiter nicht die Rede davon sein, daß die Summe der Eigenschaften das Wesen Gottes bilde, – eine Auffassung, welche von völliger Verständnislosigkeit für den Begriff der Eigenschaften Gottes zeugen würde. Die Eigenschaften Gottes entsprechen der Summe der Beziehungen, welche das Verhältnis Gottes zu uns einschließt, bilden aber nicht selbst eine Summe, die im Wege der Addition das Wesen Gottes ergäbe, weil keine von ihnen etwas besonderes, / zu den andern Hinzukommendes ist. Deshalb kann von einer Summe derselben ebensowenig die Rede sein, wie von der Möglichkeit, daß die eine oder andere fehlen oder abgelegt werden oder auch nur quiescieren könne. Wir werden später sehen, daß z.B. der Gedanke einer Selbstbeschränkung Gottes im Verhältnis zur menschlichen Freiheit oder gar überhaupt zur Wirksamkeit kreatürlicher Kausalität völlig verfehlt ist. Die Eigenschaften Gottes können ebensowenig addiert wie substrahiert werden, sondern bilden eine in sich geschlossene Einheit, für welche die Religion der Offenbarung den Begriff der Herrlichkeit Gottes geprägt hat. Sie sind in ihrer Einheit die Erscheinung des Wesens Gottes in der Mannigfaltigkeit seiner Bethätigung, wie sie das Objekt derselben mit sich bringt.

So ist es von der größten Bedeutung für den Begriff der Eigenschaften Gottes, daß Gott in seiner Offenbarung sich als Liebe bethätigt und erschließt. Wenn oben die Bestimmung, Gott sei das unendliche persönliche Sein oder auch der persönliche Wille des Guten, abgelehnt wurde, so geschah dies, weil die Anwendung des Begriffs des Guten zur Frage nach seinem Inhalte nötigt und weil nicht von vornherein zu sehen ist, inwiefern dieser Inhalt und das, was wir in der Offenbarung als das Wesen Gottes erkennen, nämlich die Liebe, nicht bloß zusammengehören, sondern zusammenfallen. Dagegen erkennen wir nun von der Offenbarung Gottes als Liebe aus, was das Wesen des Guten ist und werden dadurch der bekannten, völlig verkehrt gestellten Frage überhoben, ob etwas gut sei, weil Gott es wolle, oder ob Gott etwas wolle, weil es gut sei. In der Offenbarung seines Wesens als Liebe erschließt sich uns Gott als der, der nicht für sich, sondern ganz für uns sein will. Nicht als wenn er unser bedürfte, sondern dies ist seine ewige freie Selbstbestimmung. Solche Selbstbestimmung, nichts für sich, alles für und mit andern sein zu wollen, ist die vollendetste Selbstbejahung, solche Bethätigung vollendete Selbstbethätigung, vollendetes Leben, in welchem das Subjekt, das eigene Sein und Leben mit der Bestimmung und Bethätigung für andere zusammenfällt, so daß Leben vom Leben ausgeht, das Leben Leben wirkt und schafft. Sich nicht für andere wollen und bethätigen heißt auch sich selbst nicht ganz haben. Man hat sich selbst erst ganz und dadurch / selbst erst vom Leben alles, was es ist, wenn man sich für andere will und hat, anderen zu gut. Sich andern versagen heißt andere nicht wollen, kein Leben außer sich sehen wollen, während Leben doch Leben begehrt, nach Leben strebt. Sich ohne andere wollen, ergiebt ein zweckloses, regungs- und bewegungsloses Leben, welches nicht bloß zu nichts und für niemanden gut ist, sondern welches in seiner Regungs- und Bewegungslosigkeit erstarrt, – ein totes Leben, ein Widerspruch mit sich selbst. Ganz für andere sein wollen und sein, das heißt erst ganz leben. Leben und für andere sein gehört zusammen. Letzteres ist Zweck und dadurch zugleich Bedingung des Lebens. So gehört zum Leben Lieben, denn in der Liebe ist das Leben erst vollkommen; in ihr erst ist es ein Gut für den, der es hat, und für die, für die er es hat, und so ist die Liebe das höchste Gut und das höchste Gute, denn gut ist nur das, was für uns gut ist, was zum Leben gut ist. Darum ist das Gute Lebensbedingung und Lebensbestimmung, und darum die Liebe Lebensbedingung und Lebensbestimmung, und die Liebe das Gute, – eine Erkenntnis, welche in der Anwendung auf uns, auf unsern Lebenszweck und unsere Lebensaufgabe, auf die Frage nach dem Gesetz unseres Lebens, vollkommen die Probe besteht. So ist der, durch den wir sind, durch den wir das erlöste Leben, das ewige Leben haben, indem wir ihn haben, und ohne den auch wir nicht sein, nicht leben, nicht bleiben würden, die ursprüngliche und ewige Wirklichkeit des Guten, weil er Leben und Liebe in eins ist, wie es nun durch ihn gewirkt auch in uns sein soll.

Diese Erkenntnis, die sich aus der Offenbarung Gottes in Christo, aus der Erkenntnis der Liebe als Gottes Wesen ergiebt, die Erkenntnis, daß die Liebe Gottes und darum Gott die ursprüngliche und ewige Wirklichkeit des Guten ist, läßt uns nun die Offenbarung in Christo verstehen; denn diese Offenbarung ist die Offenbarung und Bethätigung seines Gegensatzes gegen das, was uns verdirbt und zu Grunde richtet, gegen die Sünde, das Böse. Daß er diesen Gegensatz bethätigt und bethätigen muß, liegt in seinem Wesen, liegt darin, daß nur das Gute Wirklichkeit und Bestand haben kann. Daß er ihn in so wunderbarer, einzigartiger Weise be-thätigt, also das Wie der Bethätigung, hängt damit zusammen, daß er nicht wider uns, sondern für uns sein / will, was er ist. Dadurch aber sind wir nun imstande, den bisher gewonnenen wesentlich formalen Begriff der Eigenschaften Gottes inhaltlich dahin zu vervollständigen, daß sie die Bestimmtheit der Erscheinung Gottes in seinem Verhalten durch sein Wesen der Liebe sind, oder die Bestimmtheit seiner Erscheinung in seinem Verhalten dadurch, daß in ihm die ursprüngliche und ewige Wirklichkeit des Guten und die Richtung auf die Verwirklichung des Guten eins sind, daß er das höchste Gute und das höchste Gut ist.

II.
Ableitung und Ordnung der Eigenschaften

Schlechterdings ausgeschlossen ist der Versuch, die Eigenschaften Gottes nach der Methode des Areopagiten *via negationis*, *eminentiae* und *causalitatis* zu gewinnen, nicht weil man, wie Kahnis sagt, damit die verschiedenartigsten Gottesbegriffe begründen kann, sondern weil auf dem Wege der Entschränkung des Weltgedankens überhaupt keine Gotteserkenntnis zu gewinnen ist, nicht einmal Erkenntnis dessen, der das Natur-Rätsel löst, geschweige denn die Erkenntnis des Gottes, der das eigentliche Welträtsel, das Rätsel der Geschichte löst. Wir kennen Gott durch sein thatsächliches Verhalten, durch seine Offenbarung, durch sein Handeln für uns und an uns, durch die Erlösung, die er uns anbietet. Wir kennen dadurch den, der Gott ist, wir erkennen ihn, wie er Gott ist; erst dadurch wissen wir, was Gott sein oder das Prädikat Gott eigentlich in sich beschließt, daß dasselbe etwas schlechthin Einzigartiges in sich befaßt, was nicht von anders woher erkannt werden kann. Wir wissen auch, daß die im Gewissen sich geltend machende, durch dasselbe dem Intellekt sich aufdrängende Gottesgewißheit noch keine Gotteserkenntnis ist, vielmehr erst dazu drängt, ihn zu suchen, ob man ihn fühlen und finden möchte. Es wäre darum im Grunde eine Verleugnung christlicher Gotteserkenntnis, den Weg des Areopagiten zu betreten, wenn nicht unwillkürlich als Ergebnis desselben hingestellt würde, was anderswoher gewonnen ist, so daß er im Grunde nur eine – allerdings sehr unzureichende – Methode ist, diese Erkenntnis zu ordnen. Wir sind an die Offenbarung gebunden und haben aus ihr die Erkenntnis der Eigenschaften Gottes abzuleiten. /

Wiederum aber kann von einer Ableitung aus der Offenbarung nicht in dem Sinne die Rede sein, daß wir aus dem in ihr sich erschließenden Wesen Gottes vermittelst logisch zwingender Gedankenentwicklung die Eigenschaften erhielten, in denen sich dies Wesen ausprägt. Ist dies nicht einmal der Naturwissenschaft für ihre Objekte möglich, so daß sie sich damit begnügen muß, die thatsächliche Beschaffenheit derselben im Zusammenhange mit ihrem Wesen zu begreifen, ohne aber sie erklären zu können, so gilt dies für die Erkenntnis des Gottes der Offenbarung in noch höherem Maße. Schon das Ergebnis der Offenbarung, die Erkenntnis des Wesens Gottes als Liebe verwehrt es uns. Denn wenn gleich Liebe und Liebesverhalten zusammengehören, so schließt doch auf der andern Seite das Wesen der Liebe, sich selbst für andere zu wollen, jeden Gedanken an Notwendigkeit aus; am allerwenigsten aber kann die thatsächliche Liebesoffenbarung, mit der wir es zu thun haben, als notwendige Folge davon, daß Gott die Liebe, die auf die Verwirklichung des Guten gerichtete ursprüngliche und ewige Wirklichkeit des Guten ist, angesehen werden. Sie ist aus der Liebe zu begreifen, aber nicht vermittelst logischer Schlußfolgerung daraus zu konstruieren. Liebe ist die höchste Freithat, die nur gedacht mag werden. Man muß nur unterscheiden zwischen der auch ohne Gottes Offenbarung uns bekannten Liebe des Naturzugs, des Affekts oder der Liebe als Naturmacht, der wir mehr oder weniger als einem Zwange unterliegen und in der wir zuerst den anderen für uns wollen, ehe wir uns für ihn wollen, und zwischen der Liebe, deren Wesen wir erst erkennen, wenn wir Gott erkannt haben, der Liebe, die sich ganz nur für den anderen will und der es möglich ist, auch da zu lieben, wo der Naturzug nicht bloß fehlt, sondern sogar entgegenwirkt. In diesem – im höchsten, ja im eigentlichen Sinne lieben, das heißt erst erst ganz Herr seiner selbst, seiner selbst mächtig, im vollsten Sinne frei sein. Das Bewußtsein um diese Freiheit der Liebe Gottes, die auch nicht einmal eine „göttliche Naturnotwendigkeit", d.h. durch das Wesen Gottes gesetzte Notwendigkeit für ihn ist, ist unabtrennbar von dem durch seine Offenbarung gewirkten, die Liebe selig hinnehmenden Glauben. Er schließt die für ihn unveräußerliche Gewißheit ein, daß Gott unser nicht bedarf. Obwohl Gottes Innerstes, sein ganzes Wesen ewig auf uns gerichtet ist, obwohl wir ihn uns garnicht anders denken sollen, als / ganz und ewig für uns daseiend, – es ist doch durchaus seine Freiheit, durch nichts, nicht einmal durch ihn selbst, geschweige denn durch irgendwelche Vernunftnotwendigkeit – im Grunde also Naturnotwendigkeit – ihm abgenötigt, daß er für uns sein will und daß wir deshalb sein sollen, damit die Liebe ihr Objekt habe. Dies festzuhalten und sich immer wieder vorzuhalten ist für den Glauben so selbstverständlich, so notwendig, gehört so sehr zu seiner Seligkeit und seinem Frieden, daß diese vielmehr in dem Maße gestört und zerstört werden und der Glaube selbst in dem Maße aufgelöst wird, in welchem man, wenn auch nur im vermeintlichen Zusammenhange wissenschaftlichen Denkens, die Liebe Gottes unter Berufung auf die Identität von Freiheit und Notwendigkeit auf sittlichem Gebiete als Notwendigkeit aufzufassen sich bestimmen läßt. Gewiß ist es schwierig, die absolute Freiheit der göttlichen Liebe begrifflich festzuhalten, wenn sie doch als Liebe ein Objekt haben will, ohne daß wir sollen sagen dürfen, sie muß es haben, sie fordert es, weil es der Begriff verlangt. Diese Schwierigkeit steigert sich, wenn wir erkennen, daß wir ewig das Objekt der Liebe Gottes sind, oder noch bestimmter, daß es das sich uns kund gebende Wesen Gottes ist, sich selbst ewig nicht für irgend Jemanden, nicht *in abstracto* für irgend ein anderes mögliches Objekt, sondern ganz für uns und nur für uns zu wollen und zu sein. Daß das nur Freiheit sein und auch nicht einmal für das Denken als Notwendigkeit erscheinen soll, darin liegt eine unbestreitbare Schwierigkeit, die uns jedoch nur bestimmen darf, uns des überwiegenden Grundes bewußt zu bleiben, der uns nötigt, trotz des entgegenstehenden Scheines die Thatsache dieser Freiheit in ihrer Paradoxie rückhaltlos anzuerkennen. Denn das gehört allerdings zur Gotteskenntnis, daß man bereit ist, seine Erhabenheit über jedes Gesetz, über das Sittengesetz, das Naturgesetz und das logische Gesetz anzuerkennen als eine Erhabenheit, die trotzdem keine Verneinung, vielmehr eine Bestätigung alles dessen, was Gesetz ist, für das Gebiet, innerhalb dessen es Gesetz ist, einschließt.[1] Denn Gesetz giebt es nur für das Gebiet des bedingten Seins, nicht für den, der alles bedingt, am wenigsten für den, der alles so bedingt, wie wir es durch die / Offenbarung Gottes in Christo erkennen. Haben wir doch auf unserm eigenen Lebensgebiet ein Analogon. Wenn die Liebe sagt: ich muß, so kann der Geliebte doch nicht sagen: du mußt, sondern höchstens: ich muß mich dankbar lieben lassen. Wenn aber die göttliche Liebe sagt: ich muß, wie dort Jesus, als er Zachäus sah, so dürfen wir darum erst recht nicht von einer Notwendigkeit für sie reden, weil unser Liebenmüssen doch noch ganz anders ist, als das freie Muß der

---

[1] Nachdem von unverdächtiger Seite für die Offenbarung Gottes der Begriff des „übervernünftigen" geprägt worden, wird man wider das Gesagte nicht den Vorwurf einer Erneuerung des scotistischen Gedankens von dem willkürlichen Willen Gottes erheben können.

göttlichen Liebe. Unser Liebenmüssen ist notwendig, weil es die Bedingung unsres von Gott gesetzten, unsres bedingten Daseins ist und wir zu Grunde gehen, wenn wir uns über sie hinwegsetzen. Wir sind verpflichtet zu der Liebe, die sich selbst verpflichtet. Die Selbstverpflichtung Gottes aber schließt das Verpflichtetsein aus. Wir haben unser Leben zu dem Zweck und deshalb unter der Bedingung, daß auch bei uns leben und lieben eins sei, – von Bedingung kann bei dem nicht die Rede sein, der alles bedingt. Die Beschränkung der Begriffe Gesetz und Notwendigkeit auf das Gebiet des geschöpflichen Seins und Lebens ist das erste, was nicht außer acht gelassen werden darf.

Völlig klar wird diese absolute Freiheit der göttlichen Liebe und die Unmöglichkeit, aus dem Begriffe derselben die Eigenart ihres Verhaltens oder ihre Eigenschaften – denn alle Eigenschaften Gottes sind nur Eigenschaften der Liebe, die sein Wesen ist, – vermittelst gesetzmäßigen Gedankenfortschritts abzuleiten, wenn wir die Wirklichkeit ins Auge fassen, in der sie sich uns darbietet, ihre Offenbarung in Christo. Schon die Thatsache der göttlichen Liebe ist das Gegenteil dessen, was die Erforschung des Zusammenhangs der Dinge bis dahin gefunden. Man erinnere sich nur an den Ausspruch des Aristoteles, die Gottheit sei nicht da um zu lieben, sondern um geliebt zu werden. Das aber, was diese Liebe thut, das Wie ihrer Selbsterweisung ist noch weit mehr als nur das Gegenteil aller bisherigen vermeintlichen oder wirklichen Ergebnisse der Forschung. Das Handeln dessen, der die Liebe ist, ist geradezu das Gegenteil *aller* gedanken- und gewissensmäßigen Konsequenz, aller logischen und sittlichen Folgerichtigkeit, ist die wunderbarste Bethätigung der Erhabenheit Gottes über alles, was Gesetz heißt, sei es Naturgesetz, Vernunftgesetz, Gewissensgesetz oder „geoffenbartes Gesetz“. Nicht in dem Sinne erhaben, weil sie hinausgeht über alles, was ohne solche Offenbarung gedacht werden könnte, sondern weil sie auch, nachdem sie offenbar geworden, stets als das Gegen-/teil dessen erkannt und erlebt wird, was wir als folgerichtig fort und fort anerkennen müssen.

Wäre es freilich an dem, daß wir, wie Kaftan will, die Erscheinung Christi primär „unter den Gesichtspunkt der Vollendung der Menschheitsentwicklung“ und nicht unter den der Wiederherstellung des gefallenen Menschen zu stellen hätten, so bestände die Erhabenheit der Liebe Gottes nicht in diesem Gegensatze zu aller vernunft- und gewissensmäßigen Folgerichtigkeit, sondern vielmehr gerade in der großartigen für unsere Beschränktheit kaum denkbaren Folgerichtigkeit des göttlichen Verhaltens. Der Gegensatz, in dem sich diese Erhabenheit der göttlichen Liebe bethätigt, wäre dann nur der Gegensatz zu der Beschränktheit und den Irrtümern unserer Gottesvorstellungen, denen wir ohne die Offenbarung der Liebe unterworfen geblieben wären und denen wir nun zu entsagen hätten. Die Beschränktheit unserer Gedanken und Vorstellungen von Gott ist freilich eine unbestreitbare Thatsache. Damit ist aber nicht gesagt, daß die Offenbarung der Liebe Gottes nur mit unsrer Auffassung von Folgerichtigkeit, nicht mit dem, was wirklich vernunft- und gewissensmäßige Folgerichtigkeit ist, in Gegensatz stehe. Im Gegenteil: die Offenbarung selbst bestätigt nicht bloß das Recht unsrer gewissensmäßigen Auffassung von Folgerichtigkeit, sondern macht uns dieselbe sogar zur Pflicht, erweckt und bewirkt die Erkenntnis und Anerkennung dessen, was im Unterschiede von der Liebesoffenbarung eigentlich folgerichtig wäre. Die Liebesoffenbarung in Christo fordert und bewirkt erst recht ein folgerichtiges sittliches Denken, wie wir es sonst garnicht wagen und nicht wagen können, ohne zu verzweifeln. Ihr Zweck, ihr Inhalt, ihre Bedeutung wird gerade dem klar, der sich durch sie nötigen läßt zu folgerichtigem Urteil. Sie wird als Gottesthat unendlicher Liebe erkannt an ihrem Gegensatze zu dem, was eigentlich folgerichtig wäre. Das grade bringt ihr Gegensatz zur Sünde mit sich. Geahnt wird das, was folgerichtiges Verhalten Gottes wäre, auch außerhalb des Gebietes der Offenbarungsreligion in der Heidenwelt dort, wo das Gewissen sich regt und den Menschen nötigt, wider sich selbst zu zeugen und sich seine Gerichtsverhaftung zu bezeugen. Sobald aber die Gottesoffenbarung in Christo uns berührt und mit uns zu handeln, auf uns einzuwirken beginnt, sobald wird die Selbstdarbietung der göttlichen Liebe nicht bloß als die stärkste Bejahung des Gewissenszeugnisses von unsrer wirklichen / Gerichtsverhaftung und damit zugleich als das Gegenteil des folgerichtigen Gerichts erfahren, – sie erweckt vielmehr dieses Gewissenszeugnis auch dort, wo es verstummt ist, nötigt zu rücksichtsloser Selbstbezeugung des Gerichts in der Erkenntnis unserer Sünde, und damit zu der Anerkennung, daß die Gnadendarbietung das Gegenteil aller Folgerichtigkeit sei. Es ist eine allgemein zugängliche Erfahrung, daß der Glaube an die Gnade in demselben Maße unlebendig und unkräftig wird, in welchem man ihren Gegensatz zur Folgerichtigkeit verkennt oder vergißt.

Weder vom Standpunkte der göttlichen Liebe noch von dem des Menschen und seines Verhaltens aus angesehen kann die Offenbarung Gottes in Christo, die Erlösungsoffenbarung, unter den Gesichtspunkt der Folgerichtigkeit gebracht werden. Ersteres ist um so weniger möglich, als die Liebe, die die Erlösung darbietet, garnicht auf das Gericht verzichtet, sondern es nur in andrer über die Folgerichtigkeit erhabener Weise ausübt. Überdies widerstreitet es dem Wesen der Liebe, wenn sie von denen, denen sie gilt, unter den Gesichtspunkt der in ihr selbst begründet sein sollenden Folgerichtigkeit gebracht wird. Das ist eine Entwertung derselben, durch welche das, was sie wirkt und wirken will, ebenfalls entwertet wird. Die Liebe Gottes fordert von denen, denen sie sich darbietet, ein ihr entsprechendes folgerichtiges Verhalten, – das Verhalten des dankbar hinnehmenden Glaubens. Es ist dem Glauben wesentlich, die Liebe Gottes als völlig frei, als völlig unbedingt, als auch nicht einmal durch den „mit dem Selbstzweck Gottes zusammenfallenden Weltzweck Gottes“ bedingt anzusehen. Nicht einmal menschliche Liebe verträgt die Anwendung des Gesichtspunkts der Folgerichtigkeit. Was aber dem Glauben widerstreitet, widerstreitet auch der Glaubenswissenschaft, solange sie Glaubenswissenschaft bleiben will. Darum ist sie nicht in der Lage, einen andern Gesichtspunkt, etwa auch nur in zweiter Reihe geltend zu machen, als den der Glaube im Interesse seiner ungeschädigten Selbsterhaltung mit instinktivem Widerwillen zurückweist.

Die Liebe Gottes ist erhaben über das Gesetz der Folgerichtigkeit, – darum kann sie erlösen. Aber ihre Erhabenheit besteht ebensowenig darin, daß sie eine höhere Folgerichtigkeit an die Stelle unserer beschränkten Auffassung setzt, wie darin, daß sie / das Gesetz der Folgerichtigkeit verneint für das Gebiet, dem es gilt. Im Gegenteil: indem sie sich erlösend uns zuwendet und so auch nicht einmal uns dem Gesetz der Folgerichtigkeit überlassen will, unter dem wir leiden, bestätigt sie dieses Gesetz als so zwingend und bindend, daß nur sie, nicht wir, imstande sind, uns von demselben zu befreien. Sie enthüllt uns nicht, daß der Sünder, der unter dem Zorne Gottes seufzt, im Irrtum sei, denn „wer dem Sohn nicht glaubt, über dem *bleibt* der Zorn Gottes“. Nur eine von des Gedankens Blässe angekränkelte Reflexion, die das Verhalten Gottes an das Gesetz wissenschaftlicher Folgerichtigkeit binden will, um den Sünder von dem, was für ihn folgerichtig ist, zu befreien, kann es versuchen, das Seufzen des Sünders unter dem Zorn Gottes umzudeuten in die „Sünde" oder den „Irrtum des Schuldbewußtseins". Auch diese Sünde kennt der Christ, aber als die Sünde Kains, nicht als Irrtum oder gar die Sünde dessen, der Vergebung sucht und für Zorn Gottes hält, was nur seine Sünde ist. Das Zugeständnis aber, daß die Sünde allerdings das Gericht nach sich ziehen würde, wenn der Sünder wider Erwarten trotz der Offenbarung der Liebe in der Sünde verharre, verkennt, daß diese Bedingung des Verlorengehens erst auf Grund der Erlösung gilt, nicht aber darin ihren Grund hat, daß die Sünde überhaupt erst dieser Steigerung bedürfe, um den Sünder folgerichtig dem Gericht zu überliefern. Wird es anerkannt, daß gerade die Erlösungsoffenbarung erst völlig die Augen öffne über die Sünde, so ist es nicht mehr folgerichtig, daß diese Erkenntnis sich nicht beziehen soll auf die gegenwärtige Sünde und auf den Sünder, wie er sich der Liebe Gottes gegenüber vorfindet, sondern auf die Sünde, die vor ihm liegt, auf das, was aus seiner Sünde noch erst werden kann. Folgerichtig *ist* der Sünder, wie die Liebe Gottes ihn vorfindet und wie er sich selbst in ihrem Lichte vorfindet, dem Gericht verhaftet, wird ihm nicht erst verfallen, sondern ist ihm verfallen, und wird ihm nunmehr verfallen bleiben oder wieder verfallen, wenn er die sich ihm darbietende rettende Liebe verschmäht. Die Berufung auf die Verbindung von Sünde und Irrtum ändert daran um so weniger, als auch die Sünde des Irrtums nicht bloß der Vergebung, sondern wie Jesus selbst am Kreuze bezeugt, der Bitte um Vergebung bedarf, und zwar – damit diese Bitte nicht mißdeutet werden möge als die Form, welche sich die Sündenerkenntnis und / die Abwendung des Willens von der Sünde unwillkürlich gebe, – der Fürbitte!

Ist dies richtig, daß die Offenbarung in Christo weder vom Standpunkt Gottes aus noch unter dem Gesichtspunkt ihres Verhältnisses zu unserm Verhalten folgerichtig ist, daß sie vielmehr durchaus das Gegenteil aller Folgerichtigkeit ist, so muß man freilich darauf verzichten, die Erscheinung Gottes „primär unter dem Gesichtspunkte der Vollendung der Menschheitsentwicklung" anzusehen. Die Einsetzung des Entwicklungsgedankens, welcher überhaupt das Verständnis der Offenbarungsreligion auf jeder Stufe verdirbt, verkennt nicht das in der Geschichte aller Zeiten bis auf die Gegenwart genau wie in der Geschichte jedes Einzelnen vorliegende thatsächliche Ergebnis der „Entwicklung". Sie verkennt das Welträtsel, welches die Offenbarung, die sonderliche Bethätigung der Liebe Gottes veranlaßt, das Rätsel der Geschichte: wie kann eine Welt bestehen und was soll aus einer Welt werden, die an sich selbst zu Grunde geht? Das ist das Wesen der Offenbarung Gottes in Christo, daß Gott sich in Gegensatz stellt zu dieser „Entwicklung“, einer Entwicklung nach unten hin, nicht nach oben. So lange es dabei bleibt, daß Christus selbst sich und seinen Zweck richtig verstanden und zum Ausdruck gebracht hat und nicht wie andre einer Korrektur seines Selbstbewußtseins und Selbstzeugnisses durch das Geschichtsverständnis der Epigonen bedarf, so lange bleibt es dabei, daß er gekommen ist, das Verlorene zu suchen und zu retten, die Sünder zu rufen und nicht die Gerechten. So lange bleibt es dann aber auch dabei, daß er nicht gekommen ist, am entscheidenden Punkte die Weiterführung der „Entwicklungsgeschichte“ zur Vollendung zu ermöglichen. Das ist eben der große Ernst der göttlichen Erlösungsthat, daß der Verlorene nun nicht verloren zu bleiben braucht und deshalb seine Verantwortung um so größer ist. Trotzdem und dennoch – das ist das Kennzeichen der Erlösungsoffenbarung, die nur durch diese ihre Paradoxie Glauben wirkt und die nur in dieser ihrer Paradoxie als das Gegenteil aller und jeder Folgerichtigkeit geglaubt werden kann. Jeder Versuch ist verhängnisvoll, der es unternimmt, diese Paradoxie – wenn auch nur für das wissenschaftliche Denken – zu mindern und an die Stelle derselben die bewundernswürdige Großartigkeit und Einfachheit der Lösung des Welträtsels durch das folgerichtige Verhalten Gottes zu setzen, dessen Erkenntnis uns / nunmehr sogar die Führung eines wissenschaftlichen Beweises für das Dasein Gottes ermöglichen soll. Jeder derartige Versuch verführt mit innerer Notwendigkeit, wenn auch nicht sogleich den, der ihn unternimmt, wohl aber die, auf die er wirkt, zu einer Unterschätzung des Gegensatzes Gottes zur Sünde und verstrickt nur immer fester in den Zusammenhang der „Entwicklungsgeschichte“ mit ihrem Endergebnis des letzten Tages.

Es bleibt dabei, daß die Offenbarung Gottes in jedem Betracht das Gegenteil aller vernunft- und gewissensmäßigen Folgerichtigkeit ist, Offenbarung dessen, den nicht einmal die Sünde der Menschen zu bloß folgerichtigem Handeln nötigt. Nur darum können wir an ihn glauben, kann unser Glaube „auch Hoffnung zu Gott sein“. Dann müssen wir aber auch vollständig auf den Versuch einer folgerichtig verfahrenden Ableitung seiner Eigenschaften aus seinem Wesen verzichten. Seine Erhabenheit über das für das Gebiet des geschöpflichen Seins geltende

Gesetz der Folgerichtigkeit verträgt das nicht. Wenn man neuerdings der „theologischen Spekulation“ der Propheten einen sehr wesentlichen Anteil an der „Entwicklung der Offenbarungsreligion“ zugeschrieben hat, so verkennt man, daß die theologische Spekulation noch nie etwas von Gott entdeckt hat. Der Glaube hat es längst gehabt, ehe die theologische Spekulation sich seiner bemächtigt hat, und der Glaube hat es als Gabe von Gott, als Offenbarung, die ihn gewirkt hat, – auch der Glaube der Propheten. Nicht durch Entdeckungen, sondern durch Offenbarung wird der Glaube gewirkt, und zwar durch Offenbarung, welche nicht bedingt ist durch irgend welche Fortschritte der Entwicklung, sondern, wie Israels Geschichte und die Erscheinung Christi zeigt, nach der göttlichen, aller Folgerichtigkeit spottenden Regel: „wo die Sünde mächtig geworden ist, da ist die Gnade noch viel mächtiger geworden.“

Wir sind deshalb darauf angewiesen, die „Ableitung“ der Eigenschaften Gottes darauf zu beschränken, daß wir unsre Aussagen über die Eigenart des göttlichen Verhaltens durchaus nur aus diesem Verhalten selbst erheben. Dies ist die wissenschaftlich allein zulässige Methode. Für diejenigen Eigenschaften Gottes, welche uns nur durch seine Offenbarung kund werden – also z.B. für die Eigenschaft der Heiligkeit, – wird dies leicht zugestanden werden. Aber auch außerhalb des Gebiets der Offenbarungsreligion weiß man von Eigenschaften der Gottheit, welche / mit dem Begriff der Gottheit gesetzt, in dem Prädikat Gott enthalten sind. Die Frage ist also, ob wir nicht wenigstens für diese Eigenschaften auf den Weg der Ableitung aus dem Gottesbegriff gewiesen sind, so daß wir dann eine doppelte Reihe von Eigenschaften erhielten, die einen, die sich aus dem auch den Heiden bekannten Gottesbegriff ergeben, für die wir deshalb nicht der Offenbarung bedürfen, die andern, die uns nur durch Offenbarung kund werden. Damit wären wir wieder bei einer zwiefachen Quelle der Gotteserkenntnis und einer gemischten Methode ihrer Darstellung angelangt. Allein man vergißt, daß auch das Prädikat Gott, der Gottesbegriff, erst seinen wirklichen Inhalt erhält durch das Subjekt, dem allein es zukommt, der sich als der „allein wahre Gott“ in seiner Offenbarung bethätigt und dadurch uns erschließt, was Gott sein heißt. Aus dem Gottesbegriff allein, abgesehen von seinem Subjekt, dem Vater unseres Herrn Jesu Christi, ergeben sich nur ganz abstrakte Aussagen über die Allmacht, Allgegenwart u.s.w., Aussagen, welche alle in Problemen endigen, ohne eines zu lösen. Uns ist darum gelegen, die Allmacht, Allgegenwart, Allwissenheit, Ewigkeit und Unveränderlichkeit dessen zu erkennen, der dies alles in seiner Offenbarung in Christo bethätigt. Diese Bethätigung, auf die es allein ankommt und von der alle weitere Erkenntnis abhängt, ist aber in keiner Weise gedankenmäßiges Ergebnis des Begriffes der der Welt schlechthin übergeordneten Macht. Allmacht z.B. bleibt wie der Gottesbegriff selbst ein bloßer Formalbegriff, so lange man nicht weiß, wer sie besitzt und wie er sie ausübt und ausüben will. Nur dann weiß der Glaube, wessen er sich von ihr zu versehen hat. Dies aber kann nur aus der wirklichen Bethätigung Gottes in seiner Offenbarung erkannt werden. Darum sind wir auch für diese Eigenschaften darauf angewiesen, sie aus der Offenbarung zu verstehen. So erst gewinnen wir die christliche Erkenntnis, die christliche Lehre von den Eigenschaften Gottes.

Damit ist nun weiter gegeben, daß die Darstellung nicht beginnen kann mit den Eigenschaften, welche in dem Gottesbegriff oder dem gottheitlichen Prädikat enthalten sind. Gilt es auch für sie, daß in jeder Eigenschaft alle andern mitgesetzt sind, und ist darum ihre Äußerung, ihre Bethätigung inhaltlich bestimmt durch das, was uns erst die Offenbarung erschließt, so daß es z.B. für die Allmacht wesentlich ist, daß sie die Allmacht des heiligen / Gottes oder die Allmacht der heiligen Liebe ist, so hat die Darstellung mit den überhaupt erst durch die Offenbarung kund werdenden Eigenschaften zu beginnen. Diese bilden die erste Reihe. Daran schließen sich dann die Eigenschaften, welche in dem gottheitlichen Prädikat enthalten sind und welche dadurch erst inhaltlich bestimmt werden, daß sie mit dem Prädikat der Gottheit nur Wirklichkeit haben als Eigenschaften des Gottes der Offenbarung. So erhalten wir die zweite Reihe: die in dem Gottesbegriff enthaltenen Eigenschaften im Lichte der Offenbarung. Die Angemessenheit dieses genetischen Verfahrens dürfte so einleuchtend sein, daß es einer Kritik andrer Methoden z.B. der Einteilung in Eigenschaften des göttlichen Seins, Wissens und Wollens nicht mehr bedarf. Die Unterscheidung zwischen Eigenschaften, „wie sie in seiner Weltregierung erkannt“ und endlich solchen „wie sie aus seiner Vorsehung offenbar werden“ (H. Schultz), als die Unterscheidung verschiedener Gebiete für die Bethätigung der Eigenschaften widerspricht der Erkenntnis, daß in jeder Eigenschaft die andern mitgesetzt seien und widerspricht der Thatsache, daß in der Offenbarung sich das ganze Wesen Gottes bethätigt und erschließt. Daß und weshalb von der Unterscheidung ontologischer und ökonomischer, transcendenter und transeunter Eigenschaften abgesehen werden muß, ist schon oben ausgeführt.

III. Erste Reihe
Die in der Offenbarung sich erschließenden Eigenschaften Gottes

1. Die Heiligkeit Gottes

Die Offenbarung Gottes in Christo ist die vollendete Offenbarung seiner Liebe. Er ist die Liebe für uns, die Sünder. Dies ist so wunderbar, so sehr das Gegenteil alles Selbstverstandes, aller vernunft- und gewissensmäßigen Folgerichtigkeit, daß nicht bloß Offenbarung dazu gehört, um es auch nur denken zu können, sondern vor allem, daß etwas Besonderes dazu gehört, um es glauben zu können. Dies Besondere ist die Erfahrung, daß wir es in dieser Offenbarung mit der vollendeten Bethätigung des Gegensatzes Gottes gegen die Sünde, gegen unsre Sünde zu thun haben, daß wir darin diesen Gegensatz erleben. An diesem Gegensatz wird Gott von uns erkannt. Darin liegt die verpflichtende und zugleich überzeugende Kraft seiner Offenbarung. Wir sehen uns verpflichtet, uns dem zu beugen, der diesen Gegensatz uns zu fühlen giebt, so daß wir im tiefsten Innern durchleben müssen, was der, der ganz für uns ist und sein will, gegen uns hat. Da aber gerade die erbarmende Liebe es ist, die dies bewirkt, so sehen wir uns berechtigt, ja nicht bloß berechtigt, sondern wiederum verpflichtet, an sie zu glauben. Denn nun würde es nur heißen, sich jenem Erleben und Durchleben seines Gegensatzes gegen unsere Sünde entziehen, wenn wir nicht glauben wollten. Sich diesem Erleben und Durchleben nicht entziehen und doch nicht verzagen, sondern trauen, ist die Eigenart des christlichen Glaubens.

So schließt sich in der Offenbarung Gottes Gericht und Gnade in wunderbarer Weise zusammen. Nicht so, daß die Erweisung der Gnade folgen soll, wenn das Gericht seinen Zweck, den Zweck / unsrer Bekehrung erreicht hat. Aber auch nicht so, daß es nun hieße: entweder Gnade oder Gericht, so daß ein und dieselbe Liebe je nach der Verschiedenheit unsres Verhaltens sich verschieden bethätigte. Das Entweder-Oder, vor welches sie uns stellt, lautet: entweder Gnade *und* Gericht oder *nur* Gericht. So tritt uns die rettende Liebe in Christo entgegen. Man kann nicht wirklich an ihn glauben, mit gutem Gewissen glauben, ohne sich dem ganzen richtenden Gegensatz gegen unsere Sünde zu öffnen und hinzugeben, der von seiner Person in ihrer Sünderliebe ausgeht. Jede Halbheit, jeder Mangel, jeder Vorbehalt in dieser Beziehung hindert den Glauben. Dieser Gegensatz wird schon in seinen Worten vernommen und empfunden; was seine Worte empfinden lassen, wird verstärkt durch den Eindruck seiner Person, daß er und er allein es ist, „der von keiner Sünde wußte". Dann drängt die Bethätigung seiner göttlichen Macht und Herrlichkeit in seinen Wunderwerken dem Petrus die uns nur zu verständlichen Worte auf die Lippen: Herr, gehe von mir hinaus, denn ich bin ein sündiger Mensch! Die tiefste und durchdingendste, fast möchte man sagen vernichtendste Erfahrung aber geht von der Beweisung seiner Liebe aus, welche duldet, leidet, fürbittet und stirbt, nur um nicht aufzugeben, und so uns zuruft: doch nicht verloren! Von dieser Liebe, vom Kreuze Christi geht erst völlig die Kraft aus, die uns ganz erleben läßt, was es mit unsrer Sünde auf sich hat, und so vereinigt sich in ihr Gericht und Gnade, – von der Gnade geht das Gericht aus. Daß das aber wirklich der gerichtliche Gegensatz Gottes gegen unsere Sünde ist, daß wir so erleben, was Gott gegen uns hat, wird dadurch deutlich, daß das Gericht, welches sich schließlich an dem vollzieht, der dieser Liebe den Glauben versagt hat, nichts anderes ist, als was auch der Glaubende erlebt, dem sie zur Rettung geworden ist und was er bleibend erlebt von der „züchtigenden Gnade", nur daß der Ungläubige sich ihrer richtenden Gewalt hat erwehren und entziehen wollen. Denn was er schließlich erleben muß, ist dasselbe, was er jetzt nicht hat durchleben wollen und weshalb er die rettende Gnade zurückgewiesen hat. Der Glaubende erlebt Gnade und Gericht, Gericht und Gnade, Gericht durch Gnade, der Verlorene nur Gericht.

Diese Einheit von Gericht und Gnade in der Offenbarung Gottes in Christo, ist die vollendete Bethätigung des Gegensatzes / Gottes gegen die Sünde, und da dieser Gegensatz es ist, an dem Gott erkannt wird und in welchem die verpflichtende Kraft seiner Offenbarung beruht, so steht er in unserer Gotteserkenntnis an erster Stelle. Wer seiner Anerkennung sich entzieht, gewinnt weder Erkenntnis noch Erfahrung der Liebe, die das Wesen Gottes ist, deren erste Eigenschaft also eben diese Einheit von Gericht und Gnade ist. *Dies ist die Eigenschaft der Heiligkeit Gottes* – sein in der Einheit von Gericht und Gnade sich bethätigender Gegensatz gegen die Sünde.

Wir begreifen, daß diese Eigenschaft Gottes nur dort erkannt werden kann, wo er sie bethätigt oder sich offenbart. Denn in der Konsequenz des Gedankens Gottes liegt sie nicht, und das Ergebnis der Entwicklung und Pflege des im Gewissen empfundenen religiösen Bedürfnisses kann diese Erkenntnis ebensowenig sein, da dieses Bedürfnis als Bedürfnis nach Gnade, nach Vergebung nur durch eine sonderliche That Gottes befriedigt werden kann. Daher verstehen wir es, daß vor der Offenbarung Gottes in Christo nur Israel diese Eigenschaft kannte, weil es den kannte, der sich an ihm so bethätigte und bethätigen wollte. Nur Israel redete von Heiligkeit Gottes, kein anderes Volk.[2] Israels Religion ist die Offenbarungsreligion auf ihrer vorchristlichen Stufe, und als solche Produkt – nicht Produzent – der Offenbarung. Grundzug der Religion Israels ist das Bewußtsein um die Heiligkeit Gottes, und dadurch legitimiert sie sich als Offenbarungsreligion, daß sie den Gott kennt und auf den Gott traut und hofft, dessen Offenbarung den Zweck seiner Selbstbethätigung gegen die Sünde in rettender Liebe hat.

Dem ist nicht entgegen, daß die Offenbarung im Alten Bunde noch nicht vollendet ist. Im Gegenteil begründet gerade die Erkenntnis und Erfahrung der Heiligkeit Gottes die Hoffnung Israels auf ihre vollendete Bethätigung in der messianischen Zukunft. Deshalb ist „der Heilige Israels“ der Name, an den sich die Erlösungshoffnung knüpft, und deshalb ist die Behauptung, die Heiligkeit Gottes sei eine wesentlich alttestamentliche Vorstellung, die der neutestamentlichen Gotteserkenntnis nicht mehr entspreche / (Diestel, Ritschl), von vornherein nicht wahrscheinlich. Der dafür angetretene Beweis, daß in den neutestamentlichen Schriften die Heiligkeit nur noch selten und wesentlich nur noch im alttestamentlichen Citaten und Reminiscenzen als Prädikat Gottes erscheine, ist nicht stichhaltig. Richtig ist, daß außer 1Petr 1,15

---

[2] Hierfür wie für die folgenden Ausführungen darf ich auf die Untersuchung des biblischen Begriffs der Heiligkeit in meinem biblisch-theologischen Wörterbuch der neutestamentlichen Gräcität, 8. Auflage, S. 34 ff verweisen, woselbst auch die Litteratur angegeben ist.

(nach Lev 11,44; 19,2), Luk 1,49 (nach Ps 99,3; 111,9), Apok 4,8 (aus Jes 6,3) nur noch Joh 17,11; 1Joh 2,20; Apok 6,10 Gott als der Heilige bezeichnet wird, und diese Erscheinung hat allerdings zuerst etwas Befremdendes. Das Befremden aber hebt sich durch die Beobachtung, daß dafür heilig das ständige Prädikat des „heiligen Geistes“ ist, des Geistes, dessen „Ausgießung“ die eigentliche Erfüllung der messianischen Verheißung, das eigentliche messianische Heilsgut ist, vgl. Act 1,4 mit Luk 11,13; Matth 7,11; Röm 14,17. In dem heiligen Geiste ist das Innerste Gottes (1Kor 2,11) gegenwärtig, – in ihm haben wir die Heilsgegenwart Gottes auf Erden. Er ist wirksam, wo das Heil Gottes verkündigt wird, so daß wir das Wort nicht anders vernehmen als so, daß darin Gott selbst als der Gott des Heiles mit uns handelt. Er ist es, durch den die Offenbarung Gottes in Christo für uns nicht eine bloße Thatsache der Geschichte, der Vergangenheit, sondern im vollsten Sinne Gegenwart ist, der historische Christus der lebendige, uns gegenwärtige Christus, der „gestern, heute und in Ewigkeit derselbe ist“, nicht bloß, als wäre er uns gegenwärtig, sondern wirklich uns gegenwärtig. Er ist es, durch den und in dem alle Offenbarung Gottes, auch die alttestamentliche, eine Offenbarung ist, in der Gott nicht bloß für uns sich bethätigt hat, sondern erlebt wird als der, der heute mit uns handelt. Der heilige Geist, der Geist der Gegenwart Gottes ist es, der in uns den Glauben wirkt, indem wir inne werden, daß in dem Wort der Verkündigung Gott mit uns handelt und daß dieses Handeln Gottes mit uns ein Handeln dessen ist, der uns nicht verloren sein lassen will, sondern uns geliebt hat und lieb hat. Er ist es, der uns unsrer Sünde überführt und die Vergebung zueignet, – der uns die Führungen Gottes, welche unser Leben in Güte und Ernst gestaltet haben und gestalten, erkennen macht und der uns bezeugt, daß das die Erlösung, unsre Erlösung sei, daß Jesus Christus gekommen ist, daß ihn haben sei Vergebung der Sünden haben, daß wir an Christus gebunden seien für Zeit und Ewigkeit, und daß, wer sich an ihn binden lasse, / durch ihn, den heiligen Geist, ein Kind Gottes oder bei Gott in Gnaden sei. So vollzieht sich alle Heilswirksamkeit Gottes in der Welt seit jenem Pfingsttage durch den heiligen Geist, den Geist der Heilszueignung, und was wir von Gott erleben, erleben wir durch ihn. Er wirkt Buße und Glauben, er bringt uns die Vergebung, die Rechtfertigung, er ist die Kraft der züchtigenden Gnade, er ist es, der uns verpflichtet und befähigt, durch ihn des „Fleisches Geschäfte zu töten“, durch den wir rufen

Abba Vater, durch den wir „stark werden an dem inwendigen Menschen“, durch den wir allein in der Versuchung bestehen und in der Anfechtung überwinden können, – kurz, *in ihm erleben wir Gott* und zwar Gott in seiner erlösenden Liebe, Gott in der vollendeten Bethätigung seines Gegensatzes gegen die Sünde. Die Stätte aber, wo Gott so erlebt wird und von der aus ihn die Welt erleben soll, ist die Gemeinde derer, die durch ihn gesammelt sind zur Gemeinde Gottes, zur Gemeinde der Heilsgenossen, die da ist eine Behausung Gottes im Geist.

Wenn das nun die Bedeutung des heiligen Geistes ist, daß wir in ihm Gott oder die Heilsgegenwart Gottes erleben, so ergiebt sich, daß die Offenbarung der Heiligkeit Gottes in der That nicht nur dem Alten Bunde angehört, sondern gerade in Neuen Bunde in ihrer ganzen Fülle sich offenbart, sich darin offenbart, daß das innerste Wesen Gottes in der Welt gegenwärtig und wirksam geworden ist im heiligen Geiste, womit jede höhere Offenbarung ausgeschlossen ist. Von hier aus verstehen wir zugleich, daß alle Offenbarung Gottes vermittelt ist durch den Geist seiner Heiligkeit, und sich dadurch legitimiert, daß in ihr die zur Sündenerkenntnis verpflichtende, zum Glauben berechtigende Heiligkeit Gottes wirksam ist. In dieser Hinsicht dient es nun ebenso zur Bestätigung der gewonnenen Erkenntnis, wie es zur genauen Begriffsbestimmung förderlich ist, wenn wir uns die alttestamentliche Offenbarung und die durch sie gewirkte Erkenntnis von der Heiligkeit Gottes vergegenwärtigen.

Wann Israel angefangen hat, von Heiligkeit Gottes zu reden, läßt sich nicht feststellen. Der einzige Überrest ältesten Sprachgebrauches in der Bezeichnung der der Astarte geweihten Hierodulen als קָדֵשׁ, קְדֵשָׁה spricht weder für (Delitzsch) noch gegen die Annahme, daß dieses Prädikat auch außerhalb Israels der Gottheit selbst beigelegt sei. Es kommt darauf an, was es bedeutet, um / zu verstehen, wie Israel das Wort mit dem eigentümlichen Inhalt seiner einzigartigen Gotteserkenntnis erfüllen konnte. Auf etymologischem Wege läßt sich die Bedeutung nicht feststellen; sie muß aus dem Sprachgebrauch erhoben werden. Die erste sich darbietende Beobachtung ist die, daß קָדוֹשׁ den Gegensatz zu חֹל bildet, zu dem, was allgemein ist, dem κοινόν. Es liegt ihm also die Vorstellung eines Gegensatzes zu dem, was allgemein ist, zu Grunde. Dazu kommt sofort die andere Beobachtung, daß das Wort mit allen Derivaten von קדשׁ nur in religiösem Sinne gebraucht wird, und in Anwendung auf Menschen und Dinge dieselben als für Gott ausgesondert bezeichnet. Damit wird der Gegensatz zwischen קָדוֹשׁ und חֹל zu einem Gott selbst oder der Gottheit eignenden Gegensatze zu allem, was nicht ihm zugehörig ist oder geworden ist, und es begreift sich, daß für Israel, welches seine Aussonderung aus den Völkern nur Jhvh verdankte, קָדוֹשׁ Prädikat Gottes selbst wurde. Gott und Israel gehören zusammen, darum ist Israel heilig und Jhvh heilig; darauf beruht Israels Religion, Israels Glaube und Israels Hoffnung.

Um so mehr gilt es nun nach dem positiven Inhalt dieser Vorstellung zu fragen. Wie ist der Gegensatz geartet, in welchem sich Gott und Israel zu allem, was חֹל ist, befinden? Die Beobachtung, daß der Gegensatz zwischen קָדוֹשׁ und חֹל sich mit dem Gegensatz von טָהוֹר und טָמֵא zwar nicht deckt, aber verbindet, bringt uns an und für sich nicht sonderlich weiter, weil der Gegensatz zwischen rein und unrein im Sprachgebrauch durchaus auf kultischem Gebiet liegt. Man muß hinzunehmen, daß die Forderung bezw. Herstellung der kultischen Reinheit aufs engste zusammenhängt mit der auf kultischem Wege zu suchenden und zu erreichenden Befreiung von dem Miasma der Schuld, mit dem Grundgedanken des in Priestertum oder Opfer an der Stätte des „Heiligtums", der Wohnung Gottes unter seinem Volke gipfelnden Kultus, also der sittlichen Reinheit. Dann ergiebt sich, daß der in dem Prädikat der Heiligkeit zum Ausdruck kommende Gegensatz der Gegensatz zur Sünde ist. Israel, welches durch Gott ausgesondert ist zum heiligen Volke, hat sich in dieser Zugehörigkeit zu Gott zu erhalten, indem es sich in dem dadurch bedingten Gegensatze zur Sünde erhält und erhalten läßt.

Dieselbe Erkenntnis ergiebt sich auf anderem Wege, wenn wir bedenken, was die Aussonderung aus den Völkern durch die That / Gottes für Israel bedeutete. Sie ergab für Israel die Befreiung von seinen Drängern, von denen es Gewalt und Unrecht zu leiden hatte. Dadurch verbindet sich für Israel mit der Heiligkeit Gottes die Bethätigung des Gegensatzes Gottes gegen Sünde und Unrecht in richtender Gerechtigkeit, durch die er sein Volk errettet, vergl. Ps 145,17; 103,36. Damit ergiebt sich für Israel, daß die Heiligkeit Gottes überhaupt in Gegensatz steht zu Sünde und Unrecht, also auch in Gegensatz steht zur Sünde innerhalb Israels. Israel hat die Sünde, unter der es gelitten hat und leidet, auch von sich selbst fern zu halten, wenn es seine Zugehörigkeit zu Gott bewahren will. Die Heiligkeit Gottes ist zugleich Verpflichtung für Israel. Sie schafft und fordert zugleich die Heiligkeit Israels. Sie wendet sich richtend gegen Israel, dessen Sünde das Gericht herausfordert, vergl. Jes 10,17: „das Licht Israels wird zum Feuer und sein Heiliger zur Flamme werden“; sie rettet Israel, das sich seinem Gott wieder zugewendet hat, V. 20: „die Übrigen in Israel und die Entronnenen werden sich verlassen auf Jhvh, den Heiligen Israels.“

So verbindet sich für Israel mit der Heiligkeit Gottes der Gedanke an die Aussonderung, die Erwählung, durch die es sein Volk geworden ist, sowie der Gedanke an alles, was die Heiligkeit Gottes von ihm und von Israel ausschließt. Daß Jhvh Israel für sich ausgesondert hat oder die in dieser Aussonderung sich bethätigenden Heiligkeit ist und bleibt darum Israels Hoffnung: er ist der Heilige Israels, wie er bei Jesajah heißt und ebenso 2Kön 19,22; Ps 71,22; 78, 41; 89,19; Jer 50,29; 51,5; Ez 39,7; Hab 1,12 genannt wird, und als solcher der Goel Jes 41,14; 43,3.14; 47,4; 48,17; 49,7; 54,5; 55,5, die Zuflucht der Verlorenen Jes 17,7, und zur Erlösungszeit wird es heißen: groß ist der Heilige Israels Jes 12,6. Aber wie die Erwählung und Errettung Israels, so geht auch das Gericht über Israel von der Heiligkeit Gottes aus. Sie läßt nicht zu, daß er Israel verderbe, während er es andrerseits nicht ungestraft läßt. Israel hat Gottes Namen entheiligt vor den Heiden, indem es Gottes Gericht herausgefordert hat und dadurch schuld daran ist, daß es aussieht, als sei Israels Gott nicht imstande, sein Volk zu schützen. Darum aber heiligt Gott seinen Namen wieder vor den Heiden durch Israels Errettung, Ez 20,39-44; 28,22.25; 36,23ff; 37,26ff; 38,16;/ 39,7.21ff. Daß daraus nicht zu schließen ist, „heilig“ sei synonym mit „erhaben, groß, mächtig“ (Baudissin) braucht nicht bewiesen zu werden. Denn nicht die Macht als solche, sondern die Richtung, in der sie sich bethätigt, ist das entscheidende und sollte gerade für Ezechiel nicht verkannt werden. So begreift sich, daß ihr auf Seiten Israels ebenso Glaube und Vertrauen, Dank und Anbetung wie andrerseits Furcht entspricht, und daß Gottes Name ebenso durch Unglaube wie durch Ungehorsam, durch Sünde und Unrechtthun entheiligt wird, Ps 20,3; 77,14ff; Jes 65,25; Ps 106,47; 98,1; 102,20; 103,1; 105,3.42; 145,21; 22,4.5; Jon 2,5.8; 2Chron 30,27; 1Chron 16,10; Ps 30,5; 97,12; 33,21: wir trauen auf seinen heiligen Namen; Jes 10,20; Num 27,14; Deut 32,51; Jes 29,23; 8,13; Ex 15,11 u.a. Die Heiligkeit Gottes ist das begründende und gestaltende Princip des Bundes und damit der Religion der Offenbarung. Sie gestaltet das Volksleben Israels, indem sie sich Ausdruck giebt im Gesetze, in seinem Fluch und Segen, und in der Kultusordnung mit der Entsündigung, die dieselbe darbietet. Sie fordert und ermöglicht zugleich die Versöhnung, Lev 16,16.33; Num 8,19, die nirgend anders geschehen kann, als an der Stätte der Wohnung Gottes, seinem Heiligtum, Lev 16,17.27. Das Gesicht des brennenden Dornstrauchs, der doch nicht verzehrt wird, Exod 3,5, ist ihr vollkommenes Symbol. Der Dornstrauch, der zu nichts gut ist als ins Feuer geworfen zu werden, ist Israel, und doch wird es nicht verzehrt, sondern vom Feuer beschützt. Die Heiligkeit Gottes fordert Sündenreinheit, aber bewirkt sie auch; sie deckt die Sünde auf und bedeckt sie, schafft sie hinweg, Jes 6. Es bedarf nur eines Anstoßes, um die heilbringende Bethätigung Gottes in ihr Gegenteil zu verkehren, Jes 10,17.

Es ist eine großartige Erkenntnis Gottes, die sich darin ausprägt. Zwischen Gott und Welt ein solcher Gegensatz, daß Gemeinschaft nur dort und dadurch möglich ist, daß Gott sich ein Volk besondert und auswählt, ohne daß in dem dadurch geschaffenen Bunde der Gegensatz Gottes gegen die Sünde ein Ende hätte. Im Gegenteil, er ist und bleibt so groß, daß eben nur durch freie Erwählungsthat Gottes Gemeinschaft mit ihm möglich ist. Auf der Heiligkeit beruht die Erwählung. In dem dadurch gesetzten Verhältnis ist sie es, von der die Vergebung ausgeht, damit man / Ihn fürchte, Ps 103,1ff; 130,4. Nur durch Vergebung kann der Bund seitens Gottes bestehen, darum ist sie nicht bloß enthalten in der grundlegenden Erwählung, sondern muß immer wieder gesucht werden. Wo dies vergessen und nicht geachtet wird, da wird „der Heilige Israels zum Feuer" und muß sein Volk richten, damit es sich wieder zu ihm wende, Vergebung suche und finde bei dem Heiligen Israels, seinem Erlöser. Die Religion Israels – nicht wie sie war, sondern wir sie sein sollte – ruht auf dieser wunderbaren Bethätigung der Heiligkeit Gottes und auf der dadurch gewirkten Erkenntnis der Sünde. Denn daß die in Israels Religion sich geltend machende und von den erwählten Knechten Gottes gegen Israel geltend gemachte Erkenntnis, was es mit der Sünde auf sich habe, mit der Erkenntnis Gottes in seiner Offenbarung als des Heiligen Israels in unlöslichem Zusammenhange steht, kann nicht verkannt werden. Die Offenbarung oder alle Kundgebung und Bethätigung Gottes sowohl in den Führungen Israels wie durch seine Knechte, die Propheten, hat den Zweck, Israel zur Erkenntnis seiner Sünde und der Heiligkeit Gottes und dadurch dahin zu bringen, daß es Ernst mache mit seiner Religion im Leben. Alle Offenbarung erfolgt nicht im Zusammenhange einer aufsteigenden Entwicklung Israels in religiöser Hinsicht, – eine Religionsgeschichte Israels, welche dies darzustellen unternimmt, ist ungeschichtlich und, weil der Wirklichkeit widersprechend, nicht trotz, sondern wegen des Entwicklungsgedankens wissenschaftlich unhaltbar. Die Offenbarung ist Bethätigung der Heiligkeit Gottes nach dem einzigen Princip: wo die Sünde mächtig geworden ist, da ist doch die Gnade viel mächtiger geworden, – bis sie endlich wenigstens das erreicht hat, daß der stete Abfall Israels zu andern Göttern ein Ende hat. Aber sofort beginnt ein neuer Abweg, der Abweg, der schließlich gipfelt in der Verwerfung Jesu.

Es ist darum nicht einmal halb richtig, wenn Quenstedt sagt, die Heiligkeit Gottes sei *summa omnisque omnino labis aut vitii expers in Deo puritas, munditiem et puritatem debitam e x i g e n s a creaturis,* und bethätige sich darin, daß er, weil er selbst *summum bonum* sei, *summum bonum per legem moralem promulgavit et tuetur.* Schon die Beschränkung auf die *lex moralis* ist um so unrichtiger, als nicht in ihr, sondern im Kultusgesetz die Gegenwirkung der Heiligkeit Gottes gegen die Sünde / ihren eigentlichen gesetzlichen Ausdruck fand. Aber vor allem ist dabei vollständig übersehen, daß sie zuerst und wesentlich in der Erwählung und in all den Führungen Israels erlebt wurde, in denen Gott sich als Israels Gott und sein Erlöser in Gnade und Gericht bethätigte. Das Gesetz kommt nicht als eigentliche Offenbarung der Heiligkeit, sondern nur als Mittel, das Volk in der Gemeinschaft mit Gott zu erhalten, in betracht. An erster Stelle steht die Aussonderung, die Erwählung Israels, der Bund Gottes mit Israel und in diesem Bunde die Selbstverpflichtung und Selbstbethätigung Gottes, und darum weist die von Israel erlebte und geglaubte Heiligkeit Gottes weit über das Gesetz hinaus. Sie ist das neutestamentliche Element in der Offenbarung des Alten Bundes. Die Heiligkeit Gottes, so wie sie Israel erlebt hat und wie sie der Grund und Inhalt seines Glaubens und seiner Hoffnung war, ist der wunderbare Gegensatz gegen die Sünde, wie er ihn in Gnade und Gericht an und in Israel bethätigte und von dessen Bethätigung Israel die Zukunft erwartete, auf die es hoffen sollte.

So liegt allerdings etwas Richtiges in der Behauptung Ritschl's, die Heiligkeit Gottes sei im Alten Testament Ausdruck für die Thatsache, daß die Offenbarung Gottes in diesem Gebiete noch nicht vollendet sei. Vollkommen unrichtig aber ist, was damit gemeint ist, daß in der neutestamentlichen Offenbarung etwas anderes an die Stelle der Heiligkeit Gottes trete. Vielmehr ist die neutestamentliche Offenbarung gerade das, was Israel von der Heiligkeit Gottes erwarten sollte – sie ist die vollendete Offenbarung derselben, – die Bethätigung des Gegensatzes Gottes gegen die Sünde in jener wunderbaren Einheit von Gericht und Gnade, in welcher sich die Gegenwirkung Gottes gegen die Sünde vollendet. Eine neue höhere Offenbarung, eine Fortbildung des Christentums, eine reichere und tiefere Gotteserkenntnis ist unmöglich.

Schärfer kann der ausschließende Gegensatz Gottes gegen die Sünde und darum gegen die sündige Welt – denn die Sünde haftet am Subjekt – nicht zum Ausdruck gebracht werden, als dadurch, daß Gemeinschaft mit ihm nur dadurch möglich ist, daß er von sich aus in freier Liebe sich Jemanden erwählt. Dazu kommt, daß es wie keine völligere Verurteilung, so auch keine stärkere Gegenwirkung gegen die Sünde geben kann, um ihre / Herrschaft zu brechen, als die, daß Gott selbst und nur Er im Zusammenhange seiner erwählenden Liebe es den Menschen ermöglicht, hinfort der Sünde nicht zu dienen, sondern in Gemeinschaft mit ihm zu bleiben und ihm zu leben. Ist dies Thatsache – und das ist der Fall –, so ist damit jede andere Möglichkeit der Rettung aus dem Banne und Fluch der Sünde ausgeschlossen und der Entwicklungsgedanke abschließend beseitigt. Es ist falsch, das Bewußtsein der Erwählung oder vielmehr den Glauben an dieselbe als Ausdruck des alttestamentlichen israelitischen oder jüdischen Partikularismus anzusehen, an dessen Stelle die neutestamentliche Offenbarung den Universalismus der Gnade setze. Auch im Neuen Bunde bleibt es bei der Erwählung, solange der Satz die Wirklichkeit wiedergiebt: „so liegt es nun nicht an Jemandes Wollen oder Laufen, sondern an Gottes Erbarmen." Als ihr Objekt frei erwählende und darum heilige Liebe wird sie erkannt in der Sendung, dem Auftreten, dem Verhalten, dem Leben und Erleben Christi und in der heilzueignenden Wirksamkeit des heiligen Geistes, indem diese Offenbarung und Bethätigung der die ganze Welt umspannenden Liebe Gottes als das Gegenteil aller folgerichtigen Vollziehung seines Gegensatzes gegen die Welt und ihre Sünde, gegen uns und unsere Sünde und doch als vollendete Vollziehung dieses Gegensatzes erlebt und von unserm Gewissen beurteilt wird. Sie wird von jedem Einzelnen als freie Erwählung erlebt, die ebenso in vollem Gegensatz steht zu seiner bisherigen Entwicklung, wie sie ihm in unbegreiflichem Unterschiede von andern zu teil wird. Denn nie hat sich Jemand zum Kinde Gottes „entwickelt". Die ἔθνη im Unterschiede von Israel und an Stelle Israels und der Einzelne im Unterschiede von Andern erleben und bestätigen es, daß der göttliche Heilswille sich κατ' ἐκλογήν vollzieht.

So bewirkt die Bethätigung Gottes in seiner Heiligkeit beides, sowohl die rechte Sündenerkenntnis wie den Glauben, und tritt damit dem gesamten Heidentum gegenüber, dessen Grundzug überall Furcht und Angst ist. Denn die wunderbare Bethätigung dieses vollendeten Gegensatzes gegen die Sünde in der Einheit von Gericht und Gnade ermöglicht und – fordert ein Vertrauen, welches wir in dieser Verbindung mit der unerläßlichen Beugung unter das Gericht gar nicht wagen würden und könnten, wenn nicht das thatsächliche, über das Gesetz der vernunft- und gewissens-/mäßigen Folgerichtigkeit erhabene Verhalten Gottes es in uns bewirkte. Für Israel lag dies Verhalten Gottes vor in seiner Geschichte, den ihm gegebenen Männern Gottes und den Institutionen seines Gesetzes, und vollendete sich in der Sendung Christi. An uns vollzieht es sich in jener Wirksamkeit des heiligen Geistes, von der oben die Rede gewesen, in der alles, was Gott für uns gethan und ist, als nicht vergangen, sondern als Gegenwart Gottes und als Freithat seiner durch nichts gebundenen oder bedingten erwählenden Liebe erlebt wird. So ergiebt sich dem Glauben die Erkenntnis, daß wir als Sünder gerade deshalb auf Gott vertrauen können, weil er in diesem Gegensatze zur Sünde steht. Weil er der Heilige ist und nur deshalb gilt für die Frage der Jünger: wer kann denn selig werden? die Antwort, die sonst vergeblich gesucht werden würde: was bei den Menschen unmöglich ist, ist bei Gott möglich, denn bei ihm ist kein Ding unmöglich.

Durch die Offenbarung der Heiligkeit Gottes wird so erst die wirkliche Gottheit Gottes offenbar. Sie erschließt uns, daß er Gott ist und wie er Gott ist, wie er sich als die der Welt schlechthin übergeordnete Macht bethätigt. Er ist diese Macht, er allein ist Gott, weil er allein als der Heilige die Lösung des wirklichen Welträtsels in der Hand hat und ausführt, die Lösung des Rätsels der Geschichte, sowohl der ganzen Welt als jedes Einzelnen, des Rätsels: wie kann eine Welt, wie kann ein Mensch bestehen, und was soll aus ihr, aus jedem Einzelnen und allen werden, die an sich selbst, an dem sie knechtenden Gesetz der Sünde und der Todes zu Grunde gehen? Antwort: nicht durch Entwicklung, sondern durch die von der Heiligkeit Gottes ausgehende Gegenwirkung in der Einheit von Gericht und Gnade, in der Bethätigung erwählender Liebe, und nur durch sie. In ihr liegt die zum Glauben verpflichtende und zugleich die zu ihm berechtigende Kraft der Offenbarung. Sie ist die für die Erkenntnis und Anerkennung Gottes wie für das Verständnis seines Willens und seines Wirkens entscheidende Eigenschaft, von der deshalb auch alle weitere Erkenntnis der Eigenschaften Gottes abhängig ist. Wird die Heiligkeit Gottes nicht erkannt und nicht verstanden, so wird überhaupt das Walten und Verhalten Gottes nicht begriffen.

2. Die Gerechtigkeit Gottes

Wo Gott als der Heilige sich offenbart, da wird er auch als Richter erkannt, und darum verbindet sich mit dem Gedanken an seine Heiligkeit unabweisbar der Gedanke an seine Gerechtigkeit. Der ist der Richter aller Welt, der sie erleben läßt, daß es Rettung nur für die giebt, die er in freier Liebe sich erwählt, also Rettung nur aus Gnaden durch den, der, statt uns auf ewig von sich auszuschließen und sich uns zu versagen, sich selbst uns darbietet in erwählender und erlösender Liebe. Das ist der Grund, weshalb sich mit dem Glauben, den er wirkt, das Bewußtsein der Verantwortlichkeit so eng zusammenschließt, daß der Glaube in demselben Maße unlebendig und unkräftig wird, in welchem dies Bewußtsein sich abschwächt. Niemand kann einen solchen Begriff vom Gericht Gottes haben, wie der, dem „Barmherzigkeit widerfahren ist“, oder der mit Paulus zu sprechen sich genötigt sieht: „so liegt es nun nicht an jemandes Wollen oder Laufen, sondern an Gottes Erbarmen.“ Darum enthält es auch durchaus keinen Widerspruch gegen die volle neutestamentliche Gotteserkenntnis, keinen Rest früherer oder unterchristlicher Anschauung, wenn es 1Petr 1,17 heißt: „wenn ihr den als Vater anruft, der ohne Ansehen der Person richtet nach eines jeglichen Werk, so wandelt die Zeit eurer Fremdlingschaft über in Furcht“, oder noch stärker Phil 2,12f: „schaffet eure Rettung mit Furcht und Zittern, denn Gott ist es, der in euch wirkt beides, das Wollen und das Wirken.“ Es giebt keinen Glauben an die Vaterschaft

Gottes, an unsere Erwählung und Erlösung, der nicht die rückhaltlose Anerkennung Gottes als des Richters in sich schlösse.

Es ist aber mit diesem Glauben doch anders bestellt, als mit dem auch abgesehen von der Offenbarung im Gewissen sich geltend machenden Gerichtsbewußtsein. Das Gewissen nötigt nicht erst uns, die wir unter dem Einfluß der Offenbarung stehen, sondern, wie Paulus sagt und wie alle Missionsarbeit unseres Jahrhunderts bestätigt, alle Heiden, sich selbst ihre Gerichtsverhaftung zu bezeugen. Die Wirkung ist Furcht, nichts als Furcht und Angst, jene Furcht, die der Grundzug aller heidnischen Religionen ist. Ganz anders das Bewußtsein der Verantwortlichkeit und der Glaube an Gottes Gericht, wie sie in dem Offenbarungsglauben / beschlossen sind. Was wir im Gericht zu verantworten haben, ist dies: ob wir haben, was uns gegeben ist. Wir sind verantwortlich für unsern Heilsstand. Die uns geltende Regel des Gerichts, auf das wir warten, ist die: „wer da hat, dem wird gegeben, wer aber nicht hat, von dem wird auch genommen, was er hat.“ Denn Gott giebt nicht bloß, was er fordert, sondern er fordert auch, was er gegeben. Diejenigen, an denen die erwählende und erlösende Liebe Gottes sich bethätigt und in denen sie den Glauben gewirkt hat, *haben schon an der ihnen widerfahrenen Gnade Gott als Richter erlebt*, und das zukünftige Gericht hat für sie die Bedeutung, daß es ihre gerechte Sache im Unterschiede von der Welt, aus der heraus sie erwählt sind, ans Licht bringen, ihnen zum Recht verhelfen soll denen gegenüber, die ihnen unrecht thun oder die unrecht haben, – es sei denn, daß sie die Gnade Gottes vergeblich empfangen haben.

Wo aber Gott als Richter erlebt wird, da wird seine richtende Gerechtigkeit erlebt, denn sein Richten ist ein Richten in Gerechtigkeit, also auch, wo er Gnade erweist, wo er Sünde vergiebt. Ja gerade dies wird als die höchste Erweisung seiner richtenden Gerechtigkeit angesehen werden müssen und nicht, wie wir gewohnt sind, als das Gegenteil von Gerechtigkeit, denn entschiedener kann er es nicht bethätigen, daß er der Richter ist, als indem er beweist, daß er die Macht hat, Sünde zu vergeben, und daß es keine andere Rettung giebt, als die er bewirkt durch Vergebung, – nicht Rettung *von* seiner Hand, sondern Rettung *durch* seine Hand. Entweder er hört dann überhaupt – nicht bloß für die, denen er vergiebt – auf, Richter zu sein, oder er vergiebt als Richter und darum in Gerechtigkeit, εἰς τὸ εἶναι αὐτὸν δίκαιον καὶ δικαιοῦντα τὸν ἀσεβῆ, Röm 3,26; 4,5, während das Gesetz sagt: οὐ δικαιώσεις τὸν ἀσεβῆ, Exod 23,7.

Hier wird ersichtlich, daß und weshalb die Gerechtigkeit ebenso wie die Heiligkeit Gottes eine Eigenschaft ist, von der man außerhalb der Religion der Offenbarung keine Ahnung hat und haben kann. In ihr erweist sich Gott ebenso wie in seiner Heiligkeit und in unlöslichem Zusammenhange mit ihr als über das Gesetz vernunft- und gewissensmäßiger Folgerichtigkeit erhaben, ohne dasselbe auszuheben. Denn eine stärkere Bejahung des sittlichen Gesetzes kann es nicht geben, als die den Sünder an das Gericht Gottes bindende Vergebung, und wiederum kann es kein / größeres Gegenteil aller gesetzmäßigen Folgerichtigkeit, keine größere Unabhängigkeit von dem Gesetz geben, als Gottes Vergebung in frei erwählender Liebe. Es fragt sich nun, unter welchem Gesichtspunkte die Vergebung, die Erweisung der Gnade als Bethätigung der richtenden Gerechtigkeit Gottes anzusehen ist. Die Annahme eines Gegensatzes zwischen Gerechtigkeit und Gnade, der seine Ausgleichung fordere, damit Gott Gnade erweisen könne, ist uns verwehrt, wenn die obige Ausführung richtig ist, daß in der Erweisung der Gnade Gott als Richter und also in seiner Gerechtigkeit erlebt wird. Davon gilt, was C. Imm. Nitzsch von der Entgegensetzung von Gerechtigkeit und Liebe sagt: „neben und außer der Liebe Gotte noch einen andern Grundwillen zuschreiben, heißt Unbegriffe schaffen."

Es liegt an unserer Gewöhnung an eine schlechte theologische und praktisch-kirchliche Überlieferung, daß das hier vorliegende Problem zwar mehrfach empfunden, aber nicht gelöst worden ist. Denn das ist keine Lösung, wenn Fr. Nitzsch nach dem Vorgange der Socinianer und in etwa auch Joh. Gerhard's die Anwendung des Begriffs der Gerechtigkeit auf die Heils- und Gnadenthaten Gottes durch den Mittelbegriff der ἐπιείκεια erklären will, nach Aristoteles „die Milde des Richters, der ohne das Gesetz zu verletzen oder parteiisch zu werden, individuelle Umstände berücksichtigt". Gott soll hiernach „die ihn beherrschende, aus seiner eigenen Heiligkeit stammende Norm so handhaben, daß er aus Rücksicht auf die besondere Schonungsbedürftigkeit des bundestreuen Volkes nicht das ‚Zahn um Zahn', sondern die Gnade walten läßt als ein *milder* Richter und Regent". Dann ist die Gnade nicht mehr wirkliche, sondern nur noch beschränkte Gerechtigkeitserweisung, sie dispensiert vom Gesetz, statt dasselbe zu bejahen, und tritt in Widerspruch mit der alle Rücksichten ausschließenden Erwählung. Ebensowenig aber kann es als eine Lösung des Problems angesehen werden, wenn Ritschl das Wesen der Gerechtigkeit Gottes nicht in der Ausübung des Gerichts sieht, sondern sie definiert als „sein in sich normales und zum Heile der Glieder seiner Religionsgemeinde folgerechtes, mit der Gnade sachlich identisches Verfahren", – eine Definition, die dadurch nicht richtig wird, daß der Ausdruck „folgerecht" statt „zweckentsprechend" gewählt ist, um der vermeintlich etymologischen Grundvorstellung des hebräischen Wortes doch einigermaßen treu / zu bleiben und den Schein einer Verwechslung mit dem Begriff der göttlichen Weisheit zu vermeiden.[3] Denselben Weg, den Leibnitz mit seiner Definition, die Gerechtigkeit sei die mit Weisheit geleitete Güte, gewiesen, hat dann H. Schultz eingeschlagen, wenn er die Gerechtigkeit als die durch die Heiligkeit bestimmte Allweisheit Gottes erklärt und sie bestimmt als die Allmacht des göttlichen Selbstzwecks, den Gott verwirklicht ohne außer ihm liegende Bedingungen, Mittel und Schranken. So wird dem Begriff der Gerechtigkeit Gottes im Widerspruch mit der Entstehung unserer Erkenntnis derselben ein Inhalt gegeben, der an und für sich nichts mit der richterlichen Bethätigung Gottes zu thun hat und nur unter Umständen eine solche begreiflich macht, die dann aber auch sofort nichts mehr mit der Gnade zu thun hat. Wenn unsere Erkenntnis von der Gerechtigkeit Gottes ebenso wie die Erkenntnis seiner Heiligkeit dadurch bewirkt wird, daß wir in der Offenbarung seinen Gegensatz zu unserer Sünde wahrnehmen, der uns zum Glauben verpflichtet, und wenn insbesondere die Erkenntnis seiner Gerechtigkeit dadurch entsteht, daß wir in dieser verpflichtenden Kraft ihn als Richter erleben, so ist uns eine Lösung des Problems durch eine dasselbe in Grunde ausschließende Definition und Einführung eines neuen Sprachgebrauchs verwehrt.

Der Vorwurf, den Ritschl gegen die in der Theologie und im kirchlichen Leben hergebrachte Fassung des Begriffs im Sinne der nach dem abstrakten Gesetz des *tale quale* verfahrende *justitia distributiva*

---

[3] Vgl. *A. Ritschl*, Geschichtliche Studien zur christlichen Lehre von Gott (Gesammelte Aufsätze, Neue Folge, S. 168): „diejenige Verfahrungsweise Gottes wird gerecht sein, welche die Mittel zu dem Endzwecke des Reiches Gottes unter den Menschen ordnet."

erhebt, daß sie nicht der Offenbarung entstamme, sondern ihre Wurzeln in der Antike habe, ist – wenn auch nur teilweise – berechtigt. Noch viel mehr aber dürfte dieser Vorwurf seine eigene Fassung, sowie die meisten Versuche – z.B. auch Philippis, Franks, Dorners u.a. – treffen, die dem Begriff der Gerechtigkeit einen weiteren Inhalt als den der richterlichen Bethätigung seiner Macht geben, nur mit dem Unterschiede, daß jene Auffassung auf die religiösen Anschauungen, die auf den ethischen Begriff der δικαιοσύνη als der höchsten, das sittliche Gesamtverhalten bestimmenden und umfassenden Tugend / zurückweist, also auf dieselbe Wurzel, aus der die Auffassung der mittelalterlichen Theologie und Kirche von der *justificatio* als *infusio justitiae* sowie alle neueren Versuche einer vermeintlichen Vertiefung der Rechtfertigungslehre erwachsen sind. Dies ist überall der Fall, wo man die Gerechtigkeit in Verbindung bringt mit der Idee einer höchsten Norm alles Handelns, sei es, daß man diese Norm in einem höchsten und letzten Zweck desselben oder in der Idee des Guten als des obersten Gesetzes findet.

Demgegenüber ist die energische Beziehung der Gerechtigkeit Gottes auf das göttliche Richten im vollen Rechte, falsch nur die einseitige Beziehung auf die Strafgerechtigkeit. Nur diese letztere ist es, die der Antike entstammt, und auch sie nur in beschränktem Sinne. Denn von Gerechtigkeit der Gottheit oder der Götter redete man nicht, wo man sie als Richter und Rächer des Unrechtes betrachtete und von ihrem Walten weniger die Belohnung des Guten als die Bestrafung des Bösen erwartete. Wenn man sich auch mit allem Ernst bemühte, wie Plutarch in seiner Schrift *de sera numinis vindicta* sich diesen Glauben trotz seiner steten Erschütterung durch die schlechte Wirklichkeit des Weltlaufs zu erhalten, – auf den Gedanken der Gerechtigkeit der Götter dieses mehr gewünschte und gehoffte als geglaubte Walten zu begründen und, wenn auch nur in diesem Sinne, von Gerechtigkeit der Götter zu reden, ihnen das Prädikat „gerecht“ zu geben, hat Griechen und Römern stets fern gelegen. Wie konnte man das auch, wo man zwar wohl glaubte, daß Götter seien, und ihnen bestimmte Funktionen zuschrieb, nie aber von glauben im Sinne des Trauens redete, wie man gemußt hätte, wenn man ihnen Gerechtigkeit, der Griechen höchste

Tugend, zugeschrieben hätte! Dies war nicht möglich, wo man sie sich erst günstig stimmen mußte, wenn man Wohlthat von ihnen begehrte.[4]

Die Erklärung des strafenden Waltens Gottes als Gerechtigkeit sowie die einseitige Beziehung der Gerechtigkeit Gottes auf diese Strafgerechtigkeit stammt thatsächlich nicht aus der Antike, sondern / hängt bis heute damit zusammen, daß die zum Glauben verpflichtende Kraft der Offenbarung in dem Gegensatz Gottes gegen unsere Sünde liegt, den wir in ihr wahrnehmen und durch den sie auf uns wirkt. Es ist begreiflich, daß die Wirksamkeit des heiligen Geistes zuerst als ein ἐλέγχειν empfunden wird, daß das Gewissen als Schuldbewußtsein und Gewißheit der Gerichtsverhaftung erwacht, daß das πίστιν ὁ θεὸς παρέχει πᾶσιν im Zusammenhange mit dem ἀπαγγέλλει τοὺς ἀνθρώπους πάντας πανταχοῦ μετανοεῖν, καθότι ἔστησεν ἡμέραν ἐν ᾗ μέλλει κρίνειν τὴν οἰκουμένην ἐν διακοσύνῃ zuerst empfunden wird als Forderung und Gebot, bevor es begriffen wird als Gabe und Geschenk. Dazu ist es viel zu sehr das Gegenteil aller gedanken- und gewissensmäßigen Folgerichtigkeit, als daß es überhaupt leicht wäre, sich in die Einheit von Gericht und Gnade zu finden. Als mit dem Eintritt der germanischen Völker in die Kirche die Bildung von Volkskirchen an die Stelle der Sammlung von Gemeinden auf dem Wege der ἐκλογή und damit die Beichterziehung an die Stelle des Katechumenats trat und im Zusammenhange mit den Bildungselementen der alten Welt die Ethik durch bloße Hinzufügung der drei theologischen Tugenden zu den alten vier Kardinaltugenden christianisiert und das Christentum fast nur noch als *nova lex* angesehen wurde, da war es fast unausbleiblich, daß sich in der Kirche die Erscheinung wiederholte, die wir in dem synagogalen Judentum wahrnehmen. Israel sollte die Erlösung durch das Gericht der rettenden Gerechtigkeit Gottes erwarten und erwartet sie, – aber die Hoffnung hatte sich in Furcht verwandelt. Das erlösende Gericht sollte ein Strafgericht sein über Israels Bedrükker, aber man war nicht mehr imstande, sich das Gericht auch für Israel anders als ein Strafgericht zu denken, – dazu war das Gesetz und durch

---

4 Vgl. *Leop. Schmidt*, Die Ethik der alten Griechen. Berlin 1882. I, S. 47ff. *Nägelsbach*, Homer. Theologie, 3. Aufl. (bearbeitet von Autenrieth, 1884), S. 320ff. *Ders.*, Nachhomer. Theologie, S. 28 ff, 345ff. *Schlatter*, Der Glaube im Neuen Testament, 1. Aufl., S. 69ff. *Mein* biblisch-theologisches Wörterbuch der neutestamentlichen Gräcität, 8. Aufl., unter δίκαιος, ἱλάσκεσθαι, πίστις.

das Gesetz die Sünde zu mächtig geworden, und auch die Weissagung hatte bezeugt: in der Stadt, darüber mein Name genannt ist, fange ich an zu plagen. Man wußte keine Antwort mehr auf die Frage: wie kann ein Sünder gerecht sein oder gerecht werden, eine gerechte Sache haben vor Gott, so daß Gott richtend für ihn eintreten kann? Man jagt solcher Gerechtigkeit nach und findet sie nicht. Die Hoffnung klammert sich im 4. B. Esra nur noch an die zugleich als sehr entfernt empfundene Möglichkeit eines unverhofft günstigen Ausfalles des Gerichts. Lange gesteht man sich nicht, / was Paulus Röm 7 erst gestand und rückhaltlos bekannte auf Grund und infolge seiner Bekehrung, als er es sich nicht mehr zu verbergen brauchte. Nicht eher, als bis die Brutalität der Geschichte, die Zerstörung Jerusalems durch die Römer den Verfasser des 4. Buchs Esra dazu zwingt, finden wir es von einem Juden ausgesprochen, weil er nunmehr genötigt ist, um sich selbst zu halten, auch diese Erkenntnis dem Systeme anzupassen.[5] Dies ist derselbe Begriff von der Gerechtigkeit Gottes, der die Theologie und Praxis der mittelalterlichen und heutigen römischen Kirche beherrscht und damit unwillkürlich Zeugnis giebt für die fundamentale Bedeutung der richtigen Erkenntnis, die wir zu suchen haben. Es fehlt an dem Verständnis der Einheit von Gesetz und Verheißung, und damit an dem Verständnis der Erfüllung beider in der Gottesoffenbarung in Christo. Durch das Gesetz kommt Erkenntnis der Sünde, ἵνα πᾶν στόμα φραγῇ καὶ ὑπόδικος γένηται πᾶς ὁ κόσμος τῷ θεῷ (Röm 3,19), aber man will sie nicht Wort haben und nur wider Willen kommt das Geständnis derselben über die Lippen, ἀγνοοῦσιν γὰρ τὴν τοῦ θεοῦ δικαιοσύνην (Röm 10,2). Das Verständnis für den eigentlichen Inhalt und Zweck der Offenbarung ist Israel verloren und der mittelalterlichen Kirche nicht aufgegangen. Dadurch bekommt die Religion der Synagoge unterisraelitischen, die der mittelalterlichen und römischen Kirche unterchristlichen Charakter, – dies ist das einzig Richtige an der Behauptung, daß diese Auffassung der Gerechtigkeit als Strafgerechtigkeit dem Griechentum entstamme. Sie trägt ethnischen Charakter, und nur das Festhalten an dem, der wirklich und allein Gott ist, bewahrt vor dem Aufgehen im Heidentum.

---

[5] Vgl. *Lütgert*, Das Reich Gottes in den synoptischen Evangelien. Gütersloh 1895. S. 39.

Um so befremdlicher ist es, daß auch die altprotestantische Theologie bei dieser Auffassung der Gerechtigkeit stehen geblieben ist. Zwar ist Flacius auf besserem Wege, wenn er unter Gerechtigkeit Gottes *benigna Dei liberatio ab oppressoribus nostris nos vindicans* versteht und sagt: *educere aut proferre dicitur Deus justitiam nostram, cum causas nostras justas et nos ipsos ab oppressoribus liberat ac victores facit cumque sic nobis testimonium innocentiae et justitiae / coram orbe terrarum tribuit*, cf. Jer 51,10 (*clavis script. scr. s. v. justitia*). Die Dogmatiker aber haben diesen Weg, den das Evangelium von der Rechtfertigung aus dem Glauben, von dem θεὸς δίκαιος καὶ δικαιῶν τὸν ἐκ πίστεως wies, nicht verfolgt. Mit rückhaltloser Zustimmung führt Joh. Gerhard Gersons Wort an: *cum misereri voluerit, nihil est Deo clementius; cum vero justitiam tribueret, nihil ipso terribilius* und erkennt die Bedeutung dieser Eigenschaft Gottes darin, daß sie *a divinae bonitatis abusu revocare potest delinquentes*. Der Mißbrauch des Evangeliums, der Gegensatz gegen die „Antinomer und Gesetzstürmer" (Luthers W. W. Erl. Ausg. 58, 336) erscheint somit als die Ursache, für die Betonung der Gerechtigkeit Gottes als Strafgerechtigkeit. Man beschränkte sie zwar nicht darauf, sondern faßte sie als *summa et immutabilis divinae rectitudo a creatura rationali quod rectum et justum est exigens* (Quenstedt) oder als *attributum divinum* ἐνεργητικόν, *vi cujus Deus omnia, quae aeternae suae legi conformia sunt, vult et agit, creaturis convenientes leges praescribit, bonos remuneratur et impios punit* (Hollaz) und lenkte somit vollständig in die Bahnen des griechischen Begriffs von der Gerechtigkeit als höchster Tugend ein. Aber gerade dadurch wieder wurde es unmöglich, sich die menschliche Erfahrung der Gerechtigkeit Gottes anders als in der Form der Strafgerechtigkeit zu denken. Die Gerechtigkeit Gottes fordert die Gerechtigkeit des Menschen, findet sie nicht und muß deshalb strafen. Von Belohnen kann nur theoretisch die Rede sein, in Wirklichkeit ist niemand zu belohnen. Der einzige, der darauf Anspruch gehabt hätte, Christus, hat statt dessen stellvertretend die Strafgerechtigkeit Gottes über sich ergehen lassen und es dadurch ermöglicht, daß die Gnade über uns walte. In diesem Gedankenzusammenhange hatte eine Gerechtigkeit Gottes, welche die Hoffnung der Sünder wäre, keinen Platz. Luther erzählt einmal: „Das Wort ‚Gottes Gerechtigkeit' ist vor Zeiten in meinem Herzen ein Donnerschlag gewest. Denn da ich im Pabsttum las: errette mich in deiner Gerechtigkeit (Ps 31,2; 71,2), *item* in deiner

Wahrheit, von Stund an gedachte ich, Gerechtigkeit wäre der grimmige Zorn Gottes, damit er die Sünde strafet. Ich war St. Paulo von Herzen feind, wenn ich las, die Gerechtigkeit Gottes wird durchs Evangelium offenbart. Aber darnach, da ich sahe, wie es aufeinander gehet / und folget, wie geschrieben stehet: Der Gerechte lebt seines Glaubens, und St. Augustin über diesen Spruch auch las, da ward ich froh, denn ich lernte und sah, daß Gottes Gerechtigkeit ist seine Barmherzigkeit, durch welche er uns gerecht achtet und hält." Wie wenig man sich in diesen Gedanken, daß Gottes Barmherzigkeit Gerechtigkeit und Gottes Gerechtigkeit Barmherzigkeit sei, finden konnte, zeigt die Verlegenheit Joh. Gerhards, wenn er anhangsweise die Thatsache berührt, daß *nomine justitiae divinae saepe intelligitur bonitas*. Alles, was er dazu zu sagen weiß, beschränkt sich darauf: *ratio videtur esse, quod justum sit et naturae Dei conveniens, miseris et opem suam implorantibus bonitatem exhibere*, – also wenn auch nicht ganz, doch beinahe die ἐπιείκεια der von ihm so energisch zurückgewiesenen Socinianer. Er geht aus von der Gerechtigkeit als der vollkommenen Tugend, daher der vollkommenen Pflichterfüllung in jedem Stand und Beruf, – *quis vero ita bene et perfecte se in suo gerit statu et officio quam Deus? Omnes (ut ita loquar) partes officii sui juste et modis omnibus perfecte administrat, justus dominus est, justus judex justus pater, justus rex, justus doctor, justus sponsus, justus legislator etc.* Zu dieser Gerechtigkeit gehört die *justitia distributiva,* und zu dieser wieder die *justitia correctiva, quae citra* προσωποληψίαν *vitia corrigit, nocentes punit.* Außerdem kennt er noch eine *justitia promissorum, quae nihil aliud quam veracitas et fides in dictis atque promissis,* also auch hier nichts anderes als höchste Tugend, kein Gedanke daran, daß auch in der Erfüllung der Verheißungen die richtende Gerechtigkeit zu erkennen sein könne. Im Gegenteil, auch die *justitia promissorum* dient nur dazu, den Schrecken vor der richtenden Gerechtigkeit, der *justitia distributiva* zu verstärken, wie Gerhards Berufung auf Augustins Wort zeigt: *qui verus est in promittendo, verus etiam est in minando (de vera et falsa poen. c. 7).* Daß man in diesem Schrecken vor der richtenden Gerchtigkeit Gottes nicht unterging, daß die Religion besser war als die Theologie, verdankte man nicht dem Verständnis der Gerechtigkeit, welche Gott eignet, sondern der durch die Reformation wiedergewonnenen Erkenntnis, daß es eine Gerechtigkeit des Menschen gebe, welche anders geartet ist, als die δικαιοσύνη der Griechen und der Scholastik, eine von Gott stammende und / darum nach ihm benannte δικαιοσύνη θεοῦ, deren Subjekt der Sünder durch den Glauben sei. Daß die in der Offenbarung sich bethätigende und zur Erscheinung kommende, richtend wirkende Gerechtigkeit Gottes selbst vertrauenden Glauben wirken könne, blieb unbegriffen.

Und doch dürfte es nicht so schwer halten, dies zu begreifen, wenn man sich nur erst frei macht von dem Einfluß des griechischen Gedankens der δικαιοσύνη als der Summe aller Tugend, wie er auch in der beliebten Erklärung des Begriffs als „Rechtbeschaffenheit" enthalten ist. Wir werden uns dorthin wenden müssen, woher wir den Begriff der Gerechtigkeit Gottes empfangen haben, zu der Bezeugung der Offenbarungsreligion, die uns in der heiligen Schrift vorliegt. Wir wissen, daß auch in Israel die Offenbarungsreligion ebenso wie in der Christenheit nie Volksreligion in dem Sinne gewesen ist, daß das ganze Volk sie wirklich und in vollem Ernst gelebt hätte. Sie ist gerade in Israel immer nur Eigentum der Wenigen gewesen, die Ernst mit ihr gemacht haben, nicht einmal Eigentum derer, die als die Virtuosen und eigentlichen Repräsentanten der Religion angesehen wurden und sich selbst so ansahen, sondern Eigentum, Besitz und Leben der „Stillen im Lande". Daß die heilige Schrift Alten und Neuen Testaments uns einen klaren Blick in beides giebt, in das, was Religion Israels war und in das, was Religion Israels sein sollte, das ist nicht ihre geringste Legitimation als zuverlässige Urkunde der Offenbarungsreligion.

Nun ist es aber Thatsache, daß die ganze Schrift mit dem Begriff der richtenden Gerechtigkeit Gottes und nur mit ihm rechnet, daß auch die rettende Gerechtigkeit, auf die die Verheißung hinweist und von der Israel die Erlösung hofft, richtende Gerechtigkeit ist, und dies trotzdem, daß Israel mit dem Psalmisten betet: „gehe nicht in das Gericht mit deinem Knecht, denn vor dir ist kein Lebendiger gerecht", Ps 143,2. Diese Anschauung ist so durchschlagend, daß C. Imm. Nitzsch sagt: „das Belohnen hat bekanntlich mitten im Testament der Gnade ebenso wie das Bestrafen seine Geltung behalten, folglich der ganze Begriff der Vergeltung, *und daß dieser Begriff Inhalt der Gerechtigkeit sei, ist nicht zu bezweifeln.*"[6] Gerade daß / jene oben besprochene unterisraelitische Strömung mit demselben Begriff rechnet, indem auch

[6] System der christlichen Lehre, 6. Aufl., S. 179.

sie nur von der richtenden Gerechtigkeit Gottes das Heil erwartet, obwohl sie dieselbe nur noch fürchten kann und nicht mehr im Glauben auf sie zu hoffen wagt, zeugt von der grundlegenden Bedeutung dieser Anschauung für die Religion Israels.

Die Thatsache, daß die Propheten die Erlösung Israels als eine That der Gerechtigkeit Gottes verkündigen, und daß dieselbe seitens Israels als eine solche That der Gerechtigkeit Gottes erwartet, ersehnt und erbeten wurde, daß alles Vertrauen auf Gott ein Vertrauen auf seine richtende und dadurch rettende Gerechtigkeit war, liegt so klar zu Tage, daß es kaum des Nachweises im einzelnen bedarf. Es sei hier nur erinnert an die bekannte Verbindung von Gerechtigkeit Gottes und Heil Gottes: Jes 56,1; 45,8.21; 46,13; 51, 5.6.8; 59,17; Ps 65,6; 51,16; 112,4; 116,5; 31,2; 36,11; 98, 2.3; 103,17.18. Mich 6,5 werden die Thaten Gottes, die er in der Erlösung aus Ägypten Israel erwiesen hat, Gerechtigkeitsthaten Jhvhs genannt.[7] Überall, wo die Gerechtigkeit Gottes als heilbringend erscheint, ist sie als richtende Gerechtigkeit gedacht, welche dem bedrängten Israel Recht schafft und so seiner Bedrängnis ein Ende macht, vgl. Mich 7,9: „den Zorn Jhvhs will ich tragen, denn ich habe an ihm gesündigt, bis daß er meine Rechtssache austrage und mein Recht schaffe; er wird mich ans Licht bringen, anschauen werde ich seine Gerechtigkeit." Darum verkündet die Verheißung das Jahr der Erlösung als ein Jahr der Vergeltung, zu rechten für Zion, Jes 34,8; 35,4; 61,2; Hab 3,12.13; Hagg 2,22.23; Zeph 2,8ff; Sach 14; Mal 4; Ps 58,11.12: Denn – und dies ist der Grund dieser Anschauung – der Zweck des Gerichts und der Gerechtigkeitsübung im Gericht ist der, denen, die es bedürfen, zum Rechte zu verhelfen. Einen Richter zu finden, der sich ihres Rechtes annimmt, ist die Wohlthat, der die Vergewaltigten und Unterdrückten bedürfen, über die das Unrecht herrscht. Der Richter und seine Gerechtigkeit ist / in erster Linie für die da, die sonst auf Erden als rechtlos behandelt werden, deren „Zaun niedrig ist", für die Witwen und Waisen, die Armen und Schwachen. Darum heißt es Jes 11,3-5: „er – der Sproß aus der

---

[7] Vgl. zu dem Folgenden die ausführliche Untersuchung des gesamten biblischen Sprachgebrauchs in meinem biblisch-theologischen Wörterbuch der neutest. Grācität unter δίκαιος und seinen Derivaten, sowie unter βασιλεύς, βασιλεία, κρίνειν, ποιμήν, πραΰς, πτωχός, ῥύειν, σῴζειν, sowie in meiner demnächst erscheinenden Schrift über die paulinische Rechtfertigungslehre.

Wurzel Isais – richtet nicht nach dem Ansehen, spricht nicht Recht nach dem, was seine Ohren hören; mit Gerechtigkeit wird er richten die Armen und Recht schaffen nach dem Recht den Elenden im Lande." Vgl. Lev 19,15.35; Deut 1,16; 16,18; 2Chron 9,8; Jer 22,3; Zeph 3,5.

Zu richten und Recht und dadurch Hilfe zu schaffen ist das Amt des Königs, Hos 13,10: „wo ist dein König, daß er dir helfe in all deinen Städten und dir Recht schaffe? wovon du sagtest: gieb mir König und Fürsten!" Vgl. Ps 72,1ff; V. 7.12ff. Gott aber ist Israels König und als solcher ist er Richter und Retter, Ps 10,16ff: „Jhvh ist König immer und ewig, geschwunden sind die Heiden aus seinem Lande. Das Begehren der Elenden hast du gehört, Jhvh, du hast ihr Herz gefestigt, und hast dein Ohr achtsam gemacht, Recht zu schaffen den Verwaisten und Bedrückten; nicht wird ferner in Schrecken setzen ein Mensch, der von Erden ist." Es ist falsch, wie auch Wellhausen und H. Schulz anerkennen, wenn Diestel behauptet, daß diese Aussage im Alten Testament sehr selten auf Jhvhs theokratische Stellung zu Israel, vorwiegend auf seine Weltherrschaft bezogen werde. Das Gegenteil ist richtig. Jhvh ist Israels König, und Israels König ist es, der über alle Welt triumphiert. Israel ist sein geliebtes und erkorenes Volk, zu dessen Gunsten er seine Gewalt ausübt. Auf dieses Königtum Gottes über Israel wird seine Bethätigung in richtender Gerechtigkeit zur Erlösung seines Volkes zurückgeführt. „Der Tag Jhvhs", „jener Tag", der stets den Abschluß des prophetischen Gesichtsfeldes bildet, ist der Tag seiner königlichen Machtbethätigung in richtender Gerechtigkeit. Vgl. Jes 24,12ff; 43,14.15; 44,6; Obadja 15.21; Ps 22,29; 24,7ff; 68,25.31; 74,12.21; 89,17; 93–100; 103,17-19; 145,11-13; 9,5ff.V.9ff.

Dieses Königtum Gottes über Israel beruht auf freier göttlicher Erwählung, und mit dieser Erwählung – der That der Heiligkeit Gottes hängt ebenso die geschehene Erlösung aus Ägypten durch seine Gerechtigkeitsthaten (Mich 6,5), wie die zukünftige verheißene und ersehnte Erlösung durch die Erweisung / seiner königlichen Macht in den Gerichten seiner Gerechtigkeit zusammen, vgl. Ps 33,12; 47,3ff; 78,67ff; 132,14; 135,4; Jes14,1; 41,8ff; 43,7ff; 44,1ff; 49,7; Jer 33,24; Ezech 20,5; Sach 1,17; 2,16; Ps 105, 6.7.43.44; Jes 65,9.22.23.

So weist uns die Hoffnung auf die richtende Gerechtigkeit Gottes wieder auf den Ausgangspunkt unserer Erkenntnis seiner Eigenschaften, auf seine in Erwählung sich bethätigende Heiligkeit zurück. Heiligkeit und Gerechtigkeit Gottes verhalten sich zu einander wie Berufung bzw. Erwählung und Rechtfertigung. Gerechtigkeit und Heiligkeit schließen sich wieder zusammen, und durch das Verständnis dieses Zusammenhanges wird der Knoten, der gerade hier nach gewöhnlicher Auffassung geschürzt erscheint, sich lösen.

Die Frage nämlich ist unabweisbar: wie kann der heilige Gott, „dessen Augen so rein sind, daß sie Böses nicht sehen mögen“, in richtender Gerechtigkeit für das Recht eines Volkes eintreten, welches doch nicht Recht hat? Wie soll man die Bitte verstehen, Ps 143,1.2: „erhöre mich nach deiner Gerechtigkeit und gehe nicht ins Gericht mit deinem Knecht, denn vor dir ist kein Lebendiger gerecht“? und wie verträgt sich dieselbe mit der anscheinend entgegengesetzten Bitte, Ps 7,9: „richte mich Jhvh nach meiner Gerechtigkeit“? Das Gericht der Gerechtigkeit Gottes soll einem sündigen Volke, welches seinerseits ebenso wie seine Bedrücker das Gericht zu fürchten hat, die Erlösung bringen. Wie ist das denkbar? Wie kann ein Sünder gerecht sein?

Wir müssen die Frage weiter stellen: was gehört überhaupt dazu, um gerecht zu sein? was heißt gerecht sein? und zwar nicht im Sinne der griechischen Ethik, sondern viel ernster im Sinne des Gebets in Ps 143,2. Gerechtigkeit ist überall ein Verhältnisbegriff und zwar nicht im Sinne des Verhältnisses zu einer höchsten Norm, sondern in dem Sinne, daß er sich auf ein Verhältnis zwischen zweien bezieht, welches als solches bestimmte Ansprüche mit sich bringt, seien es Ansprüche, die man an ein Gerät stellt, um es gebrauchen zu können, an einen Weg, daß er nicht falsch führe, an Wage und Gewicht, daß sie nicht trügen (Lev 19,36; Ezech 45,10; Hiob 31,6; Ps 23,3), oder Ansprüche, die man an andere zu stellen hat. Das Verhältnis selbst ist die Norm und ergiebt die Ansprüche, das Recht, welches man an / andern hat. Wer gerecht ist, entspricht den Ansprüchen, welche andere, Gott oder Menschen an ihn haben. Darum ist רָשָׁע der Gegensatz zu צַדִּיק, denn er übt Lug und Trug, vergewaltigt die Hilflosen und Elenden, und tritt die Ansprüche anderer mit Füßen. In Israel aber hat Gott als König seines erwählten Volkes das Recht oder die Ansprüche, die der eine an den andern hat, unter seinen Schutz gestellt, denn nur so kann das Volk bestehen – dies und nicht die Offenbarung der sittlichen Wahrheit, die Formulierung der sittlichen Aufgaben und Pflichten ist die Bedeutung des Gesetzes – und dadurch bekommt der Begriff der Gerechtigkeit zugleich religiöse Bedeutung. Gerecht ist der, der den Ansprüchen

Gottes und der Menschen entspricht. Er übt Gerechtigkeit und hat deshalb Recht und hat darum die Gerechtigkeit Gottes für sich.

Aber nicht allein der hat Recht, der Recht thut, – auch der hat Recht, welcher Unrecht leidet, – und vorzugsweise in diesem Sinne, entsprechend der schlechten Wirklichkeit des Lebens – redet das Alte Testament von Gerechten. Sie sind es, die durch ihr Verhalten das Unrecht der andern strafen und dadurch die Gewaltthat derselben wider sich hervorrufen. Sie haben Recht und leiden deshalb Unrecht. Nun liegt es unabweisbar nahe, daß diejenigen, die der Regel nach Unrecht leiden, die Witwen und Waisen, die Armen, Geringen und Hilflosen als Gerechte bezeichnet werden, denn sie haben ja Recht, und ihr Recht steht unter Gottes Schutz. Ihre einzige Hoffnung ist die Gerechtigkeit Gottes. Damit hängt eine sehr bedeutsame Erscheinung zusammen, daß nämlich nun auch einer, der wie Hiob seine Sünde bekennen, Hiob 9,2; 14,2, und sich in der Erkenntnis demütigen muß: „vor dir ist kein Lebendiger gerecht", Ps 143,1.2; 130,3, dennoch für die Anerkennung und den Schutz seiner gerechten Sache an die Gerechtigkeit Gottes appellieren kann und darf, Hiob 13,18; 16,20f; 17,8.9; 42,7; Jer 12,1ff.

Von hier aus ergiebt sich endlich, daß nun auch der, der durch Gottes Eingreifen Recht bekommen hat, der Gerechtfertigte, zu dessen Gunsten Gott gerichtet hat, als צַדִּיק dasteht. Gerecht ist der, der Recht bekommen hat, Jes 60,21; 45,23ff; 54,17; Sach 9,9ff.

Gerade die Thatsache nun, daß Gott durch die Erwählung Israels zu seinem Volk das Recht innerhalb desselben unter / seinen Schutz gestellt hat, bringt es mit sich, daß bei denen, die Ernst machen mit ihrer auf der Thatsache dieser Erwählung beruhenden Religion, das Auge für das eigene Unrecht sich öffnet. Alsbald aber hält das eigene Unrecht dem Unrecht, das man leidet, die Wage, und je deutlicher die Freiheit der Erwählungsthat Gottes empfunden wird und je stärker sich das Verlangen geltend macht, daß es dabei verbleiben möge, desto unabweisbarer verbindet sich mit der Anrufung des göttlichen Rechtsschutzes die Bitte: „und gehe nicht ins Gericht mit deinem Knecht." Vollends aber, wenn die erfahrene Gewaltthat erkannt wird als das verdiente Gericht, woher soll dann der Mut zur Anrufung der Gerechtigkeit Gottes und des von ihr allein zu erlangenden Rechtsschutzes, der Errettung, kommen?

Hier tritt nun die Bedeutung der Erwählung Israels, der durch die Heiligkeit Gottes ihm widerfahrenen Aussonderung und Heiligung ins Licht, welche unser Problem löst. Israel hat im letzten Grunde *nur ein objektives, nicht ein subjektives Recht auf Erlösung*. Es ist ein sündiges Volk, und doch hat es eine gerechte Sache. Sein Recht vor andern Völkern und all seinen Feinden gegenüber ist seine Erwählung. Es ist ein ihm verliehenes Recht, woran es sich halten muß. Allerdings setzt dieses durch die Erwählung geschaffene Verhältnis Pflichten, die Israel zu erfüllen hat, aber nur damit die Erwählung nicht hinfällig werde und sich wandle in Verwerfung.[8] Im letzten Grunde ist es nicht erst das durch die Erwählung geforderte Verhalten, sondern immer die Erwählung selbst, welche das Recht Israels begründet. Um ihretwillen kann Israel auch nachher Vergebung finden und findet sie; durch Vergebung erhält Gott sie aufrecht, vgl. namentlich Jes 43,20ff, sowie die Anrufung der Treue Gottes, z.B. Exod 32,11ff; Deut 9,26ff; Dan 9,15.16; Deut 7,9; 32,4; Jes.49,7; Röm 3,3; 11,29. Die Erwählung ist es allein, woran Israel sich halten kann; wenn es um seiner Sünden willen in die Hände seiner Feinde gegeben ist und ihm dadurch die Augen aufgegangen sind für seine Sünden, bleibt ihm nichts übrig, als um Vergebung zu / bitten. Seine eigene Gerechtigkeit ist wie Spinnweben, Jes 59,5.6, und ein besudeltes Kleid, Jes 64,3; dennoch ist seine Sache, um derentwillen es bedrängt wird, eine gerechte Sache, und wenn es genug gedemütigt ist und zwiefältiges empfangen hat für seine Sünde, wird seine Gerechtigkeit offenbar werden, Jes 40,1ff; 51,17ff; 54,7.14; 57,15ff; 61,1ff; Jer 12,1; Mich 7,9. Denn obwohl Israels Elend ein Strafgericht Gottes ist, so haben doch seine Bedrücker Unrecht, weil ihr Beweggrund nicht der Gehorsam gegen Gottes Befehl ist, der sie zu Schergen seines Gerichtes berufen hat, sondern die Feindschaft wider das erwählte Volk Gottes und im letzten Grunde wider Israels Gott, wider Jhvh selbst, Jes 49,24ff; 51,21. Dieselbe Gerechtigkeit Gottes, welche die gerechte Sache des Knechts Jhvhs schützt, Jes 41, 10 vgl.

[8] Es ist zu beachten, daß die Verwerfung, מאס, nicht von den nicht Erwählten gilt, sondern nur die Aufhebung der Erwählung für die Erwählten bezeichnet, Jer 33,24; Ps 78,67f vgl. mit V.59; Exod 32,32f; Jes 14,1; 41,49; Sach 1,17; 2,16. Vgl. Wörterbuch unter ἐκλέγεσθαι.

mit V.2, ist auch des verlassenen und wieder begnadigten Volkes Heil, Jes 54,14.17; 58,8.

Die Erwählung allein ermöglicht es Israel, auf Gott zu trauen, sich an ihm festzuhalten, an ihn zu glauben, zu seiner Gerechtigkeit Zuflucht zu nehmen in aller Bedrängnis und allem Druck, den es auszustehen hat. An seiner Erwählung, nicht an seinem Verhalten hat es eine unanfechtbare gerechte Sache, wider die niemand aufkommen kann, denn wer will mit Jhvh rechten? Diese seine gerechte Sache, die Erwählung, giebt ihm das Recht zu glauben und verpflichtet es zu glauben. Wen Gott nicht erwählt, hat dies Recht nicht. Daher: „gläubet ihr nicht, so bleibet ihr nicht“, Jes 28,16; 7,9; Deut 1,31ff; 9,23. Ihn verlassen und auf andere Götter getraut oder Fleisch für seinen Arm gehalten haben, ist immer die Sünde Israels gewesen, für die es gestraft worden ist. Vgl. all die Stellen, in denen Israels Sünde mit den zwei Worten לא האמין bezeichnet ist. Israel muß immer wieder zu dem umkehren, den es verlassen hat, und seine Sünde bekennen, – eine andere Hilfe giebt es nicht und kann es nicht geben. Wen Gott nicht erwählt hat, hat überhaupt keine Hoffnung; wen er erwählt hat, hat keine andere Hoffnung als ihn.

So wird es nun auch verständlich, daß die gerechte Sache des um seiner Sünde willen den Feinden preisgegebenen Volkes nicht sittliche Fehllosigkeit ist, sondern sein Festhalten an Gott, האמין (vgl. Gen 15,6; Hab 2,3), dessen Bethätigung nun keine andere sein kann, als das Bekenntnis der Sünden. Sein / objektives Recht ist, wie man auch sagen kann, seine Religion, sein subjektives, daß es seine Religion braucht oder Ernst macht mit ihr. Das thut, wer seine Sünden bekennt und das Angesicht Gottes wieder sucht, nachdem das Volk ihn verlassen hat. Das Gebet um Vergebung ist dann der einzig mögliche Ausdruck des Festhaltens an Gott, und dies Gebet ist für den, dem Gott durch die Erwählung das Recht dazu verliehen und die Pflicht dazu geboten hat, zugleich eine Anrufung der Gerechtigkeit Gottes. Die Erwählung ist das objektive Recht, der bußfertige Glaube als Ausübung dieses Rechtes das subjektive Recht Israels, *und die Gerechtigkeit Gottes, die das Gebet erhört, ist zugleich Gnade für den, den er erhört.* Es besteht kein Gegensatz zwischen Gerechtigkeit und Gnade, sondern die Bethätigung der Gerechtigkeit ist Gnade und die Erweisung der Gnade ist Gerechtigkeit – sie ist darum auch *Lohn* als Vergeltung des Glaubens, denn es besteht vor der Gerechtigkeit Gottes auch kein Unterschied zwischen Gnade und Lohn. Die Bethätigung der richtenden Gerechtigkeit ist Vergeltung des Glaubens und Harrens, ja auch Vergeltung des Unrechtleidens, Gen 15,1.6; Jes 40,10; 62,11; Jer 31,16; alles ist Gnade und alles ist Lohn, nur eins nicht, – die Grundlage des Anrechts an Gottes Gerechtigkeit, die Erwählung.[9]

Es ist eine großartige Anschauung, die uns so in der Religion Israels, d.h. in dem, was Religion Israels sein sollte, entgegentritt: Nur Gottes Gerechtigkeit, und zwar sein gerechtes Gericht, kann die Zuflucht derer sein, die Unrecht leiden, und weil das Unrecht die ganze Welt füllt, die Zuflucht derer, die unter dem Drucke des Weltlebens leiden. Aber – an Gottes gerechtes Gericht appellieren kann nur der, der Recht hat, und Recht hat niemand dazu, als wen Gott sich erwählt hat und wer durch diese Erwählung in Gegensatz zur ganzen Welt zu stehen gekommen ist. Der kann glauben. Nur der Glaube hat Recht, nur an ihm wird Gottes richtende und rettende Gerechtigkeit offenbar. So ist die richtende Gerechtigkeit Gottes die Lösung des Rätsels der Geschichte für die, die er erwählt hat.

Daß diese Anschauung der Wahrheit entspricht, bedarf keines Beweises, wenn unser Ausgangspunkt als richtig anerkannt wird, / daß es auch für uns keine andere Verbindung mit Gott, keine andere Möglichkeit des Glaubens gebe, als die durch seine Erwählung begründete. Dann ist auch für uns die Aussicht auf seine richtende Gerechtigkeit die Lösung des Rätsels der Geschichte. Es ist aber selbstverständlich von der größten Bedeutung, daß die Grundanschauung des Neuen Testaments die gleiche ist. Schon die Verkündigung der βασλεία τοῦ θεοῦ und seiner Gerechtigkeit für alle, die nach der rettenden Gerechtigkeit Gottes gehungert und gedürstet haben, weist darauf hin, Matth 6,33; 5,6; sie bringt die ersehnte Vergebung, Luk 1,77, und die Verbindung der Verkündigung des Täufers mit der Taufe bezeugt die Zusammengehörigkeit von Reich Gottes, Gerechtigkeit und Vergebung. Ἤγγικεν ἡ βασιλεία τοῦ θεοῦ hieß für Israel zugleich selbstverständlich: ἤγγικεν ἡ δικαιοσύνη αὐτοῦ. Königtum Gottes, Reich Gottes, messianischer König, Gerechtigkeit Gottes, Gerichtshoffnung gehört für Israel unzertrennlich zusammen, und jeder Ton klingt mit, wenn auch nur einer von ihnen angeschlagen wird. Die Apostel verkündigen

---

9 Vgl. Wörterbuch unter μισθός.

nicht mehr wie der Täufer und Christus die βασιλεία τοῦ θεοῦ, sondern Ἰησοῦν Χριστόν, d.i. den messianischen König, – der König tritt an die Stelle des Königreichs, das ist der ganze Unterschied. Wo Christus genannt wird, da ist vom Königtum und Königreich Gottes die Rede und die rettende Gerechtigkeit Gottes ist mitgedacht, – denn die erkorenen Zeugen Jesu sind messiasgläubige Juden. Die Hoffnung aber, die sie haben und verkündigen, ist der Tag der Parusie. Gerade dieses „älteste Dogma der Christenheit", der kommende Tag, der letzte Tag und das Warten auf ihn als auf den Tag der Erlösung als Grundzug des Glaubenslebens der messiasgläubigen Gemeinde in allen neutestamentlichen Schriften ist Beweis dafür, daß auch sie wie die alttestamentliche Gemeinde Gottes wartet und hofft auf das Gericht der Gerechtigkeit Gottes. Was ihr aber hilft, also zu warten, ist dies, daß sie im Glauben an Christus die Vergebung hat und darum hoffen kann, – dies ist der große Gegensatz gegen das ungläubige Israel und gegen das Dokument seiner in Furcht und Angst verwandelten Hoffnung, das es uns im 4. Buch Esra hinterlassen hat. Das ist auch der Unterschied der Hoffnung in der neutestamentlichen Apokalypse (6,10; 15,3; 16,5.7; 19,2. Vgl. 7,14; 16,15; 3,4.18 – Joh 17,25; 1Joh 2,29) von jener Hoffnung, die nur noch dem / Namen nach Hoffnung ist. Die Erfüllung dieser Hoffnung ist das einzige, was denen, die an den Messias Jesus glauben, noch fehlt. Die erwählende Liebe Gottes hat sich den ἔθνη zugewendet und ihnen im Evangelium den Glauben dargeboten; diese That Gottes ermöglicht ihnen den Glauben und wer sie im Glauben hingenommen hat, der hat die Gerechtigkeit Gottes für sich, der hat Vergebung der Sünden in Kraft des heiligen Geistes, ἀπαρχὴ καὶ ἀρραβὼν τῆς κληρονομίας εἰς ἀπολύτρωσιν περιποιήσεως, Eph 1,14. Er hat eine gerechte Sache in und an seinem Glauben an Stelle seiner Sünde, – er ist gerecht und kann hoffen; Gott hat sich an ihm bethätigt als δίκαιος καὶ δικαιῶν τὸν ἀσεβῆ τὸν ἐκ πίστεως, er aber spricht mit allen, die glauben: ἡμεῖς πνεύματι ἐκ πίστεως ἐλπίδα δικαιοσύνης ἀπεκδεχόμεθα , Gal 5,5, τῇ γὰρ ἐλπίδι ἐσώθημεν, Röm 8,24. Das sind die Erwählten, Röm 8,28ff, die sich der Zukunft getrösten können, und um ihrer Erwählung und ihres Glaubens willen heißen sie ἅγιοι, ἅγιοι καὶ ἠγαπημένοι, ἅγιοι καὶ πιστοί. Sie stehen annoch inmitten einer Welt, die Gott nicht kennt und dem Evangelium nicht glaubt. Solange sie in diesem Stande sich befinden – und das wird währen, bis das Evangelium vom Reich verkündigt ist in der ganzen Welt allen Völkern zu einem Zeugnis über sie, – so lange müssen sie warten auf das gerechte Gericht Gottes, welches ihr Recht offenbar macht und der Welt Unrecht giebt, „wenn anders es δίκαιον παρὰ θεῷ ist, Drangsal zu vergelten denen, die euch bedrängen, und euch den Bedrängten dafür Erquickung mit uns in der Offenbarung Jesu Christi vom Himmel her mit den Engeln seiner Macht in Feuerflammen, wenn er Rache nimmt an denen, die Gott nicht kennen und die dem Evangelium unsers Herrn Jesu nicht gehorchen, welche Strafe leiden werden, ewiges Verderben von dem Angesichte des Herrn und von der Herrlichkeit seiner Stärke, wenn er kommt, sich zu verherrlichen an seinen Heiligen und sich wunderbar zu erweisen an allen, die geglaubt haben" (2Thess 1,4ff). Wenn der Kampf hinter ihnen liegt und sie bis zum Ende ihres Laufes Glauben gehalten haben, können sie mit Paulus rühmen: „vor mir liegt der Kranz der Gerechtigkeit, welchen mir der Herr an jenem Tage geben wird, der gerechte Richter, nicht allein aber mir, sondern allen, die seine Erscheinung lieb haben" (2Tim 4,7ff).

So hat der berufene ἀπόστολος ἐθνῶν auch der Heiden-/welt die Hoffnung auf das gerechte Gericht Gottes als die Lösung des Rätsels der Geschichte gebracht, der Gesamtgeschichte, wie der Geschichte des Einzelnen, indem er ihnen das brachte, was ihnen eine gerechte Sache geben konnte: das Evangelium von Jesu. Der Blick auf Jesus aber bestätigt uns die Wahrheit der gewonnenen Erkenntnis von der richtenden und rettenden Gerechtigkeit Gottes. Solch ungerechtes Blut ist „von dem Blute Abels an" nicht vergossen worden auf Erden, wie das Blut Jesu; so völlig hat noch nie die ganze Welt Unrecht gehabt – und hat es noch, – wie Jesu gegenüber, so ist noch nie jemandem von der Welt aus nur Unrecht widerfahren, wie ihm, und das alles von der Flucht nach Ägypten an bis zum Tode am Kreuze nur um der Sache willen, für die er da war, nur um seines Berufes willen, um deswillen, was er war und sein wollte, der von Gott gegebene verheißene Messias. So sehr man sich bemühte, einen andern Grund zu finden für das Todesurteil, das man über ihn fällen wollte, man fand keinen, als den einen, daß er eidlich bekannte, er sei der Christus, der Sohn des lebendigen Gottes. Nur darum sollte in der Welt kein Platz für ihn sein. Er aber stellte es dem heim, der da recht richtet. Nun mußte es sich entscheiden, ob es eine Gerechtigkeit Gottes gebe. Es ist entschieden. Gott ist eingetreten für seinen Gesalbten, nicht dadurch, daß das Urteil der Nachwelt ein anderes geworden, als das seiner Mitwelt. Das ist der

Menschen Weise, aber nicht Gerechtigkeit Gottes, „der Propheten Gräber zu bauen und zu schmücken der Gerechten Gräber". Gott hat anders gerichtet, wunderbar in jeder Beziehung. Er hat nicht die Welt gerichtet, die seinen Christus, ihren Retter, von sich gestoßen, und doch hat er gerecht gerichtet, denn er hat ihn von den Toten erweckt und ihn zu seiner Rechten erhöht. Jesus aber hat nicht aufgehört, zu sein, wozu der Vater ihn gesendet, sondern er ist es noch, und darum – das ist das andere Wunder – ist es auch heute noch der Welt möglich, aus ihrem Unrecht herauszukommen durch die einzige gerechte Sache, die es geben kann, durch den Glauben an Jesus. Dafür tritt wiederum Gott in seiner Gegenwart im heiligen Geiste überall ein, wo er das Wort von Jesu verkündigen läßt, dafür wird er eintreten, wenn der letzte Tag gekommen ist, und das Ergebnis seines gerechten Gerichtes ist die gerechte Sache Jesu Christi und derer, die an ihn glauben. Das ist die / mit dem Glauben unauflöslich verbundene Gewißheit, der wir uns nicht entziehen können, sobald wir jenen Gegensatz Gottes zu unserer Sünde auf uns wirken lassen, von dessen Erkenntnis wir ausgingen.

Dies ist die wunderbare Gerechtigkeit Gottes, die sich uns in seiner Offenbarung erschließt, die Gerechtigkeit des Richters, deren Wesen es ist, *justitia justificatoria* und dadurch *salvifica* zu sein und die dies für uns, die Sünder, ist und uns verbürgt, daß wir warten dürfen auf „einen neuen Himmel und eine neue Erde, in welchen Gerechtigkeit wohnt", eine neue Welt, die nicht das Ergebnis der Entwicklung der Menschheit ist, sondern das Ergebnis der richtenden Gerechtigkeit Gottes am Ende der Tage, wenn der αἰὼν οὗτος abgelöst wird vom αἰὼν μέλλων. Es giebt eine richtende Gerechtigkeit Gottes, die nicht unser Schrekken, sondern unsere Zuflucht und Hoffnung ist, wenn das Rätsel der Geschichte, der Weltgeschichte und unseres eigenen Lebens uns bedrückt. Denn es giebt auch eine Gerechtigkeit, die wir, die Sünder, haben können, die Gerechtigkeit des Glaubens, der zur Gerechtigkeit gerechnet wird und in dem wir warten „der Gerechtigkeit, die man hoffen muß". Die Gerechtigkeit Gottes aber – das ist nun die Definition, die sich uns ergiebt, – ist die Bethätigung seiner Macht im Gericht in Gemäßheit seiner Heiligkeit zu Gunsten derer, die er erwählt hat, „daß sie an ihn glauben sollen zum ewigen Leben" und die mit diesem Glauben Recht haben inmitten einer Welt, welche an ihrem Unrecht, an dem in ihr waltenden Gesetz der Sünde und des Todes zu Grunde gehen muß. Heiligkeit und Gerechtigkeit Gottes verhalten sich und gehören zusammen, wie unsere Erwählung und unsere Rechtfertigung. Die Verwerfung der Welt, die Jesum verworfen hat und dem heiligen Geiste widerstrebt (Act 7,51), besagt nur, daß sie „nicht kommt in Gottes Gerechtigkeit" (Ps 69,28), daß sie die *justitia justificatoria* nicht erfährt, sondern an ihrer Sünde zu Grunde geht. Das κατάκριμα, das über sie ergeht, ist das Gegenteil der δικαίωσις und widerfährt ihr um ihres Unglaubens willen.

So ergiebt sich aus den Eigenschaften der Heiligkeit und Gerechtigkeit Gottes zugleich, welches das rechte Verhalten zu ihm, das Wesen der Offenbarungsreligion ist, solange es eine solche giebt, überhaupt die einzige Verwirklichung dessen, was Religion, Haben Gottes, wirkliche Verbindung mit Gott ist: der Glaube, der zur / Gerechtigkeit gerechnet wird, neutestamentlich die πίστις Ἰησοῦ, daß er sei der Χριστός, in ihm יהוה צִדְקֵנוּ. Dieses Ergebnis ist die Probe auf die Richtigkeit der gewonnen Erkenntnis.

3. Die Weisheit Gottes

In seiner Offenbarung beweist Gott, daß er allein den Ausweg weiß und wirkt aus dem dunklen Rätsel der Geschichte. Nur durch seinen der sündigen Welt geltenden, nicht aus dem Gesetz der Folgerichtigkeit zu begreifenden Ratschluß der Erlösung wird es begreiflich, daß und wozu eine Welt noch besteht, die, weil sie ihrerseits an das Gesetz der vernunftmäßigen und sittlichen Folgerichtigkeit gebunden ist, keine andere Aussicht hat, als an sie selbst, an dem in ihr herrschenden Gesetz der Sünde und des Todes zu Grunde zu gehen. Nur durch die ebenso wunderbare Ausführung dieses Ratschlusses in Christo besteht sie wirklich, und nur durch jene Ausführung derselben, die wir an uns selbst erleben in der Wirksamkeit des heiligen Geistes, ist uns das Endergebnis einer neuen Welt gewiß, in welcher Gerechtigkeit wohnt und in welcher ohne jegliche Hemmung und Einschränkung offenbar wird, was das heißt und in sich schließt, daß Gott die Liebe ist, oder daß er alles, was er ist, nach seinem ewigen Willen für eine Welt sein will, die er für diesen Zweck geschaffen, erhalten und erlöst hat. So ergiebt sich uns in der Erkenntnis dieses seines Ratschlusses und seiner geschehenen und noch fortgehenden Ausführung die Erkenntnis der Weisheit Gottes. Die Weisheit Gottes ist die Erhabenheit seines der Welt geltenden Heilsratschlusses über das Gesetz der Folgerichtigkeit, wie er sie bethätigt hat, bethätigt und bethätigen wird in der Erlösung und ihrer Vollendung. So schließt sie sich zusammen mit seiner Heiligkeit und Gerechtigkeit, in der er seinen Gegensatz gegen die Sünde nicht, wie es bloß folgerichtig wäre, zu unserm Verderben, sondern „über alle Vernunft" zu unserer Erlösung bethätigt. Deshalb kann man genauer sagen, die Weisheit Gottes sei die Erhabenheit seiner zwecksetzenden und die Mittel dazu ordnenden Liebe über das Gesetz der Folgerichtigkeit, wie sie sich, ohne dasselbe aufzuheben oder zu verneinen, für die sündige Welt und an ihr bethätigt zu ihrer Erlösung und unsern Glauben ebenso wirkt wie fordert. In dieser Beziehung auf das Rätsel der Geschichte und auf unsere / Erlösung liegt unser religiöses Interesse an ihr, dem es nicht entspricht, sie ihrem Umfange nach und also quantitativ als Allweisheit zu bezeichnen, wie es vielfach Sitte ist, sondern höchstens, wenn die Wortbildung erlaubt wäre, als Alleinweisheit des μόνος σοφός, Röm 16,27.

Es ist klar, daß und weshalb außerhalb der Offenbarungsreligion von dieser Weisheit ebenso wenig geredet wird, wie von Heiligkeit und Gerechtigkeit Gottes. Denn wenn schon die Welt in ihrer Weisheit außerhalb der Offenbarungsreligion sich des eigentlichen Welträtsels nicht bewußt geworden ist, so konnte sie noch weniger wissen, daß und wie dasselbe allein gelöst werden könne durch freien Liebeswillen und freie Liebesthat Gottes. Deshalb kann es nicht befremden, daß auch die Philosophie der Griechen, die Ideenlehre Platos und der Logos der Stoa, die göttliche Weltvernunft, nicht bloß nicht heranreichen an die Erkenntnis der Weisheit Gottes, die sich in seiner Offenbarung erschließt, sondern im Grunde sich gegensätzlich dazu verhalten. Ebenso aber wird es begreiflich, daß erst dort, wo die Religion der Offenbarung in Berührung kam mit den Versuchen, die Rätsel des Daseins zu lösen, also mit der Philosophie der alten Welt, auch das Wort sich einstellt für die Eigenschaft dessen, der diese Rätsel allein und wirklich zu lösen weiß und löst. Darum finden wir den Begriff der Weisheit Gottes erst in der Zeit, in der Israel mit der Philosophie der Griechen in Berührung kam. Dort wird er zunächst auf die weltordnende Weisheit Gottes im allgemeinen bezogen, wie sie sich nicht in einer jenseitigen Idealwelt, sondern in der zweckvollen, Maß und Ziel setzenden Schöpfung und Erhaltung der Welt und in ihrer Bindung an eine sittliche Ordnung, an das Gesetz bethätigt, Prov 3,19ff; 8,1ff. V.21ff; Hiob 28,24ff. Später und insbesondere seit die Offenbarung in Christo den Boden der Völkerwelt betritt, wird diese Weisheit auf das Erlösungswirken Gottes als ihr eigentliches Gebiet bezogen. Sie ist „die im Geheimnis verborgene Weisheit, welche Gott zuvor verordnet hat zu unserer Herrlichkeit, welche niemand von den Obersten dieser Weltzeit erkannt hat, denn wenn sie sie erkannt hätten, hätten sie den Herrn der Herrlichkeit nicht gekreuzigt" (1Kor 2,7; vgl. 1,21). Darum ist Christus Gottes Kraft und Gottes Weisheit (1Kor 1,24), und in ihm sind alle Schätze der Weisheit und der Erkenntnis verborgen, Kol 2,3.8. / Paulus betet sie an beim Rückblick auf den in Erwählung sich vollziehenden Ratschluß Gottes, Röm 11,33, wie sie einst am Ende der Wege Gottes, Apok 7,12, vgl. 5,12, gepriesen werden wird, und wie sie jetzt und ewig den Gliedern der oberen Welt herrlich erscheint an der Gemeinde, die durch sie erlöst ist, Eph 3,10. Von dieser auf die Erlösung sich beziehenden Weisheit ist in den Schriften des Alten Bundes die Rede, wo von dem Willen dessen gehandelt wird, der keines Ratgebers bedarf und seine Sache herrlich hinausführt, Jes 28,29; 40,13.28; Ps 25,14; 33,10.11. Wir können freilich das Gebiet der Schöpfung und Erhaltung nicht von ihr ausschließen, können uns aber trotzdem nicht mit der Definition begnügen, sie sei die Vollkommenheit des Weltgedankens Gottes, da hierdurch die Erlösung in notwendigen Zusammenhang mit der Schöpfung als Vollendung derselben gebracht wird. Die Weisheit Gottes bewirkt es, daß sie trotz der eingetretenen Sünde den Schöpfungszweck nicht aufzugeben braucht; aber gerade dadurch wird erst von der Erlösung aus klar, daß sie sich auch in der Schöpfung zwecksetzend bethätigt habe, wie denn auch erst von der Erlösung aus der Zweck und die Kraft der Welterhaltung begriffen wird.

So sind es nicht drei gleichgeordnete Gebiete, nicht drei koordinierte Äußerungen, Schöpfung, Erhaltung und Erlösung, in denen sich die Weisheit Gottes bethätigt, sondern ihr sonderliches Gebiet und ihre sonderliche Bethätigung ist die Erlösung, in der die Erhaltung ihren Zweck hat und die Schöpfung ihren Zweck wiederfindet. Umsomehr wird die christliche Erkenntnis dies zu betonen haben, als gerade der Christ bei seiner Erfahrung des geschlossenen Weltzusammenhanges in Natur und Geschichte sich nicht verbergen darf, daß wir es in diesem Zusammenhange mit einem in sich selbständigen Leben zu thun haben, von dem das auf unser Heil gerichtete Walten Gottes so unterschieden ist, daß sein Ergebnis das gerade Gegenteil des Weltzusammenhanges ist. Des Christen Glaube und Hoffnung ist nicht der Naturzusammenhang in seiner großartigen Geschlossenheit und Kraft; wenngleich auch dieser ein Werk der Hände Gottes ist, so ist sein Wirken doch nicht gleich Gottes Wirken. Auch die Formel: Natur *und* Gott hilft dem Christen nicht. Ebensowenig aber ist die Geschichte und die der griechischen Philosophie entstammende „Vernunft in der / Geschichte" seine Hoffnung, denn seine Erfahrung und sein Verständnis des Geschichtszusammenhanges und des trotz aller Bethätigung des menschlichen Geistes darin waltenden Gesetzes der Sünde und des Todes nimmt ihm den Glauben daran. Der Gedanke der Vernunft in der Geschichte ist für ihn im günstigsten Falle ein unzulänglicher Versuch, das eigentliche Welträtsel zu lösen; er kann aber auch viel ernster und abweisender zu beurteilen sein, nämlich als der Versuch, der wirklichen Lösung des Welträtsels zu widersprechen und ihr eine andere gegenüberzustellen. Was dieser Gedanke nicht leisten kann, das giebt uns die Erkenntnis und Anerkennung der Weisheit Gottes, die über der Geschichte waltet. Sie ist es, die auf der einen Seite die die Geschichte lebenden und führenden Personen und Mächte nötigt, mit oder wider Willen ihr und ihren Zwecken zu dienen, und die es ihnen andererseits unmöglich macht, Gottes Zwecke und Ziele mit endgültigem Erfolge zu hindern. Nicht die Vernunft und mit ihrer Macht und ihren Mitteln, sondern nur Gottes Weisheit triumphiert auf Gottes sonderlichen Wegen über Sünde und Tod. Denn, wie Luther unnachahmlich übersetzt, „da die Welt in ihrer Weisheit Gott in seiner Weisheit nicht erkannte", hat Gott beschlossen, durch die Thorheit der Verkündigung zu retten – nicht die Weisen, sondern die Glaubenden, 1Kor 1,21ff.

Die Weisheit Gottes, die uns gewiß wird durch die Bethätigung seiner erlösenden Liebe für uns und an uns, wirkt und fordert, daß wir ihm vertrauen auf den dunklen Wegen, auf denen die Geschlossenheit des Weltzusammenhanges und die Unvernunft der Geschichte gerade diejenigen bedrängt, die etwas anderes erwarten können, als sie finden, und die deshalb darauf angewiesen sind, auf die Gerechtigkeit Gottes zu hoffen, Ps 73. Hier liegt ein fast noch größeres Rätsel vor, als das bisher betonte Rätsel der Geschichte, nämlich das Rätsel der Geduld

Gottes, die der Sünde nicht wehrt und mit der Hilfe für seine Kinder verzieht. Sobald wir erkannt haben, daß nur auf Grund des göttlichen Erlösungsratschlusses die sündige Welt Bestand hat, sobald wissen wir auch, woher es kommt, daß die Sünde noch geschieht und noch regiert in der Welt. Auch sie, die Sünde, lebt sozusagen nur davon, daß der Welt Gottes Erlösungsratschluß gilt. Daß dadurch Gottes Zwecke nicht zunichte werden, ja daß auch dies schließlich dazugehört, um die Erlösung herbei-/zuführen – vgl. Gen 50,20; Act 2,23 – das gehört auch zu der Erhabenheit Gottes über das Gesetz der Folgerichtigkeit. Unter der Geduld Gottes begiebt sich die Geschichte der Welt. Ja nicht bloß Geduld ist es, die er übt, sondern, wie wir bei der Erörterung der Allmacht Gottes sehen werden, mehr als Geduld. Es ist eine besondere Bethätigung seiner Macht, daß er eine Welt erhält, die nicht mehr bestehen könnte, wenn er sich bloß folgerichtig zu ihr und ihrer Sünde verhielte. Folgerichtig ist, daß er sie seinen Gegensatz zur Sünde fühlen läßt; nicht folgerichtig, sondern Freithat seiner Liebe ist es, wie er diesen Gegensatz bethätigt, indem er die Welt erhält für die Erlösung. So entsteht das Rätsel, daß es durch die göttliche Welterhaltung sogar zu einem Reiche der Sünde kommt – ein Rätsel, welches sich dem Glauben, der der Weisheit Gottes gewiß ist, löst durch den Blick auf die stillen Wege Gottes, auf denen sich die Erwählung vollzieht, von der Erwählung Israels an bis zur Zeit der Weltmission, in der wir leben. Denn die Weltmission ist ja nichts anderes, als die Vollziehung der göttlichen Erwählung an und in der Völkerwelt. Diese Wahrnehmung, die eigene Erfahrung der göttlichen Erwählung durch das berufende Wort des Evangeliums von Christo und durch die Wirksamkeit seines heiligen Geistes läßt uns die Wege erkennen, die seine Weisheit einschlägt, und erhält dadurch in uns die Zuversicht, daß sie ihre Zwecke unbedingt zum Ziele führt. Der ganze Weltzusammenhang, in dem es mehr und mehr zu einem bewußt einheitlichen Leben der Menschheit kommt, muß dieser Mission und dadurch dem Erwählungswillen Gottes dienen, denn das verheißene Ende kommt nicht eher, als bis das Evangelium vom Reiche Gottes verkündigt ist in der ganzen Welt allen Völkern zu einem Zeugnis über sie, Matth 24,14. Das ist die Gewißheit, die uns der Glaube an die Weisheit Gottes giebt, und zugleich ist dies das Verständnis der Geschichte, welches wir ihrer Erkenntnis verdanken. Das gesamte geschichtliche Leben der Menschheit sowohl in der Entfaltung des Reichtums all seiner Kräfte wie in der Erfahrung seiner Beschränktheit durch das Gesetz der Sünde und des Todes muß dazu dienen, die Menschheit bereit und geneigt zu machen für die Selbstdarbietung Gottes in erwählender Liebe, für die Erlösung. Was als Verzug der Verheißung erscheint, ist Geduld Gottes, die er in seiner Weisheit übt, damit alles, was sich begiebt im Guten / wie im Bösen dem einen Zweck und Ziele diene, zu retten, die sich retten lassen wollen.

Die Erhabenheit Gottes über das Gesetz der Folgerichtigkeit schließt den geschlossenen Zusammenhang seiner Wege nicht aus. Derselbe kann vielmehr nicht einheitlicher und geschlossener sein, als er ist. Ebensowenig verneint sie dieses Gesetz, bestätigt es vielmehr, indem Gott uns gerade in seiner Offenbarung zur rückhaltlosen Anerkennung desselben nötigt. Aber die Beschränkung durch das Gesetz der Folgerichtigkeit ist schlechthin von ihm ausgeschlossen. Gott verhält sich folgerichtig zu uns, indem er uns zu erfahren giebt und zu erkennen nötigt, was es mit unserer Sünde und seinem Gegensatz zu derselben auf sich hat. Er verhält sich aber in seiner Offenbarung über alle Folgerichtigkeit hinaus als Erlöser, indem er uns das Gegenteil dessen darbietet, was allein folgerichtig für uns wäre. Denn daß die Erlösungsoffenbarung nicht das folgerichtige Ergebnis unseres Verhaltens ist, ist selbstverständlich. Der Glaube aber erträgt es auch nicht, sie als die folgerichtige Ausführung des göttlichen Weltzwecks zu bezeichnen, weil dadurch mindestens der Anschein entsteht, als sei Gott durch seinen Weltzweck gebunden, die sündig gewordene Welt zu erlösen. Jede Art von Folgerung der Erlösung aus dem Weltzweck oder „Selbstzweck“ Gottes ist einem Glauben unmöglich, dessen Halt gerade die absolute Freiheit der göttlichen Erwählung ist. Das aber weiß der Glaube, den Gott gewirkt hat, daß, der das gute Werk angefangen, es auch vollenden will und wird, und zwar so, daß wiederum an jedem Punkte sowohl der Gegensatz zur Folgerichtigkeit im Verhältnis zu uns und unserer Sünde, als auch die unbedingte Treue der Liebe sich herausstellt, welche nicht nach dem Gesetz der Entwicklung, sondern nach der entgegengesetzten Regel verfährt: wo die Sünde mächtig geworden ist, da ist doch die Gnade viel mächtiger geworden. Darum ist das folgerichtige Schließen aus Gottes Offenbarung auf seine Wege und Ziele ein anderes und dennoch ein sichereres, als das der Vernunft auf das, was folgerichtig ist.

So ergiebt sich für den Christen durch die Erkenntnis der Weisheit Gottes in seiner Offenbarung die Gewißheit einer Teleologie des Weltzusammenhanges. Nicht als sollte die Welt zu etwas außer ihr Liegendem dienen, und nicht als gelte es nun etwa für die christliche Wissenschaft, einen besonderen Endzweck jeder Einzelerscheinung zu ergründen, um sie zugleich aus ihm zu / begreifen. Alles Einzelne will aus dem Zusammenhange von Ursache und Wirkung begriffen werden, in dem es erscheint, und zwar nach dem Gesetz: alles ist Same und alles ist Frucht. Können wir Gott wahrnehmen und erkennen an der zum Glauben verpflichtenden und berechtigenden Kraft, die von ihm, von seiner Offenbarung ausgeht, so können wir auch im Lichte seiner Offenbarung diejenigen Gotteswirkungen erkennen, in denen seine Gegenwirkung gegen die Sünde erscheint sowohl in seinen Gerichten in der Geschichte, wie in den Wegen seiner Erwählung. Diesen Spuren dann mindestens in der jedesmaligen Gegenwart nachzugehen und nachzudenken ist die Pflicht der christlichen Gemeinde. Das ist der Teil der Geschichte, den sie verstehen muß. Damit ist zugleich gegeben, daß sie nicht blind sein darf für den geschlossenen Geschichtszusammenhang des Selbstlebens der Welt, dem Gottes Offenbarung entgegenzuwirken bestimmt ist und demgegenüber sie darauf angewiesen ist, der Weisheit Gottes zu trauen und auf das endliche Gericht seiner rettenden Gerechtigkeit zu hoffen. Indem wir *uns* als Endzweck der göttlichen Selbstoffenbarung erkennen, erkennen wir uns und unser Heil auch als den Endzweck alles Seins und Geschehens, sei es, daß darin sich jene Gegenwirkung Gottes bethätigt oder daß Gott jene Geduld übt, die auch die Thatsache des Reichs der Sünde hat werden lassen und dadurch uns nötigt, auf die noch zukünftige Offenbarung seiner Gerechtigkeit zu warten. Für uns ist alles da, für uns geschieht es. Wir sind es, die die Frucht und Wirkung alles Geschehens, auch des vor Jahrtausenden Geschehenen, genießen sollen, sowohl des Sieges der Griechen über die Perser und der Römer über die Karthager, als der Erwählung Abrahams und der Erlösung Israels aus Ägypten. Alles drängt sich immer wirksamer zusammen, Vergangenheit und Gegenwart, auf das Geschlecht, welches die letzte Zuspitzung des Gegensatzes zwischen Gott und der Geschichte, das Endergebnis der Geschichte und das diesem Endergebnis entgegengesetzte Ziel und Ende der Wege Gottes erlebt. Das ist die Gewißheit des Glaubens an die Weisheit Gottes in der Bethätigung seines Gegensatzes gegen die Sünde in Heiligkeit und Gerechtigkeit, die Gewißheit des Glaubens an die vollendete Ausführung seines Ratschlusses zur Lösung des Rätsels der Geschichte durch die Erlösung.

Heiligkeit, Gerechtigkeit und Weisheit sind diejenigen Eigenschaften Gottes, in denen sich der seine Offenbarung bestimmende Gegensatz gegen die Sünde Ausdruck giebt. Was man sonst noch als Eigenschaften Gottes aufzählt, die sich in der Offenbarung erschließen, sind nicht besondere Eigenschaften, sondern nur Erscheinungsweisen dieser drei genannten. Seine Unverletzlichkeit und Reinheit ist in seiner Heiligkeit beschlossen; seine Güte, Barmherzigkeit, Gnade, Treue und Wahrhaftigkeit sind Erweisungen seiner Gerechtigkeit; seine Langmut und Geduld gehören zu seiner Weisheit. Die auf unsere Erlösung gerichtete Bethätigung Gottes in Heiligkeit, Gerechtigkeit und Weisheit ist nicht das folgerichtige Ergebnis seiner Weltherrschaft und seines Gegensatzes zur Sünde, sondern schlechthinige Freithat seiner Liebe, der es wesentlich ist, über das Gesetz der denknotwendigen wie der sittlichen Folgerichtigkeit erhaben zu sein. Damit ergiebt sich, daß die Gotteserkenntnis der Offenbarungsreligion in ihrer zum Glauben verpflichtenden und den Glauben wirkenden Wahrheit nicht das Ergebnis einer vermuteten geistig-sittlichen Entwicklung sei's eines bevorzugten Volkes, sei's einiger über den Durchschnitt hervorragenden Charaktere sein kann, nicht Errungenschaft oder Entdeckung des in die Erkenntnis des Weltzusammenhanges hineinwachsenden Geistes. Die *Religionen* sind Produkte des Menschengeistes, ebenso der Versuch ihrer Verbesserung durch Umsetzung in Philosophie. Die *Religion* aber, die wirklich Religion ist, wirkliche Verbindung mit Gott, und zwar der Sünder mit Gott, beruht durchaus und kann nur beruhen auf Offenbarung, auf Selbstbethätigung Gottes in seiner über alle Folgerichtigkeit erhabenen Liebe. Durch sie erkennen und erleben wir, daß das Verhältnis zwischen Gott und Welt sich nicht in der Kraft ewiger, unwandelbarer Gesetze, sondern in Freiheit vollzieht. Erst diese Freiheit giebt uns einen lebendigen Gott. Gebundenheit Gottes und seines Verhältnisses zur Welt an das Gesetz der Folgerichtigkeit ist Gottes Tod, d.h. dann bedarf es keines Gottes; er ist dann im Grunde nichts anderes, als das in der Welt selbst liegende Gesetz der Folgerichtigkeit, des Zusammenhanges zwischen Ursache und Wirkung, welches jedes Personleben, jedes Personverhältnis vernichtet. Für Freiheit, für sittliche Maßstäbe etc. ist dann kein Raum mehr. Gebundenheit ist das Gegenteil von Macht, Macht aber ist Freiheit. Erst die freie Macht Gottes erhebt auch uns über den geschlossenen Weltzusammen-/hang zur Freiheit in dem von der Wahrheit Gottes geforderten und gewirkten Glauben. In seiner Macht und Freiheit ist Gott der lebendige Gott, der allein und wirklich Gott ist. Indem er in Freiheit über sich verfügt, um alles, was er ist, für uns zu sein, haben wir an ihm und in ihm das Leben, das ewige Leben, denn der lebendige Gott ist nicht ein Gott der Toten, sondern der Lebendigen.

So wird erkannt, daß der Gott der Offenbarung, der Heilige Israels, der Gott unserer Väter, der Vater unseres Herrn Jesu Christi allein und wirklich Gott ist, und ebenso wird dadurch erst kund, was Gott sein eigentlich heißt, oder welches der ganze volle Inhalt des Prädikates Gott ist. Dadurch ergiebt sich der Einfluß, den die bisher gewonnene Erkenntnis auf das Verständnis der in diesem Prädikat enthaltenen Eigenschaftsbegriffe haben muß. Der Gott, der in Freiheit handelt, um alles, was er ist, für uns zu sein, ist als Herr seiner selbst auch Herr der in dem gottheitlichen Prädikat sich zusammenschließenden Vorstellungen über das Verhältnis zwischen ihm und der Welt. Das Prädikat Gott besagt, daß der, dem es zukommt, die der Welt schlechthin übergeordnete Macht ist. Es ist also der Ausdruck für ein einzigartiges, nicht Gott, aber die Welt bindendes Verhältnis. Gott ist frei in seinem Verhältnis zur Welt, die Welt ist an ihn gebunden. Diese Gebundenheit der Welt an Gott in den verschiedenen Beziehungen, welche mit dem Unterschied des bedingten Seins von dem bedingenden gesetzt sind, ergiebt für Gott die Eigenschaften der Allmacht, Allgegenwart, Allwissenheit, Ewigkeit und Unveränderlichkeit. Die Aufgabe ist nun, diese Eigenschaften als Eigenschaften des Gottes der Offenbarung zu verstehen, um auch ihre Bedeutung für den Zweck Gottes, für unsere Erlösung und dadurch für unsern Glauben zu erkennen.

Dabei ist von vornherein ein zweifaches Ergebnis unserer bisher gewonnenen Erkenntnis festzuhalten. Erstens: wie die Aussage, daß der Vater unseres Herrn Jesu Christi, der Gott der Offenbarung, allein und wirklich Gott sei, eine Glaubensaussage ist, so sind auch die genannten, den Gottesbegriff ausmachenden Eigenschaften Glaubensaussagen, die aus keiner andern Wirklichkeit als derjenigen dargethan werden können, mit der es der Glaube zu thun hat. Z.B. nur der Glaube erkennt am Himmel die Zeugnisse der Macht Gottes. Zweitens: all diese Eigenschaften / sind nicht mit irgend welcher Naturnotwendigkeit, sei es auch unter dem Titel göttlicher Wesensnotwendigkeit sich auswirkende Bestimmtheiten Gottes, die bei jeder Berührung mit einem andern Sein sofort von selbst wirksam werden. Gottes Eigenschaften sind sein Wille. Nicht die Eigenschaften sind Herr über Gott, sondern er ist Herr über sie, d.h. sie alle dienen ihm und müssen ihm dienen, um sich in Freiheit zu uns zu verhalten und unsere Freiheit zu wirken. Wenn Gott schon seinen Gegensatz zu unserer Sünde, den wir bereits beim bloßen Gedanken an Gott als Gegensatz empfinden, dennoch in ungeahnter wunderbarer Freiheit bethätigt, wieviel weniger sind jene im Gottesbegriff gesetzten Eigenschaften solche, die unabhängig von seinem Willen wirksam sind. Sie sind zunächst nur Formbestimmtheiten; ihren Inhalt empfangen sie durch das Subjekt.

IV. Zweite Reihe
Die in dem Gottesbegriff enthaltenen Eigenschaften im Lichte der Offenbarung

1. Die Allmacht Gottes

Dem Glauben ergiebt sich aus der Thatsache der Erlösung sowohl die Thatsache der göttlichen Allmacht wie der Inhalt dieses Begriffs. Wer in so wunderbarer Weise wie Gott in seiner Offenbarung den Gegensatz, in welchem er sich zur sündigen Welt befindet, bethätigt, daß es zu ihrer Erlösung gereicht, der hat sie und ihr Geschick damit für immer an sich und nur an sich gebunden. Wer in dem, den Gott uns gegeben, in Christo die Thatsache seiner Erlösung erkennt, die ihm Befreiung bietet von der ihn sonst zermalmenden Geschlossenheit des Weltzusammenhanges, dem ist diese Freiheit eine That dessen, der mächtiger ist, als die ganze Welt. Dem Gott, der in der Selbstbethätigung seiner Liebe in absoluter Freiheit handelt, der nicht gebunden ist durch das den Weltzusammenhang für jeden unzerreißbar machende Gesetz der Folgerichtigkeit, dem ist nichts unmöglich. Das ist seine Allmacht, – das Gegenteil dessen, was sowohl die Erfahrung wie die Erforschung des Weltzusammenhanges in Natur und Geschichte uns zu erkennen giebt. Nur der Christ, nur wer Gott aus seiner Offenbarung kennt, weiß, daß Gott allmächtig ist, denn nur er hat den Beweis dafür in dem Glauben, zu dem ihn die Offenbarung verpflichtet und den sie in ihm gewirkt hat. Es ist eine eigentümliche und bedeutsame Erscheinung, daß uns nirgend eine so tiefe Empfindung des großen festgeschlossenen Zusammenhanges des Weltlebens und dies trotz mangelhafter Naturerkenntnis begegnet, wie auf dem Gebiet der Offenbarungsreligion, bei den Frommen, den Knechten Gottes Alten und Neuen Bundes, also / gerade dort, wo wir den entschiedensten Glauben an die Allmacht Gottes finden. Der Gedanke der Allmacht Gottes steht nicht im Widerspruch mit der Thatsache dieses Zusammenhangs, sondern empfängt durch das Verhältnis Gottes zu demselben erst seine ganze Fülle und Kraft. *Die Allmacht Gottes ist die Übermacht des Gottes der Erlösung über den in sich geschlossenen Weltzusammenhang in Natur und Geschichte.* Sie ist die darin sich bethätigende Erhabenheit seiner Liebesmacht über das Gesetz des Weltzusammenhanges oder die Bestimmtheit seiner Macht durch die Liebe, in der er alles, was er ist, für uns sein will. Seine Macht hat keine andern Grenzen, als den Willen seiner Liebe oder als ihn selbst. Dadurch ist die Welt völlig an ihn und nur an ihn gebunden, auch die Welt und gerade die Welt, die von sich selbst und durch sich selbst leben und von Gott nichts wissen will.

Von hier aus ist dem Christen selbstverständlich, daß alles, was außer Gott ist, die ganze Welt ihr Dasein und ihren Fortbestand dieser Allmacht Gottes verdankt. Die Erlösung ist dem Christen der Beweis für die Schöpfung und Erhaltung der Welt durch Gott. Eben darum geht ihm die Allmacht Gottes nicht auf in der Schöpfung und Erhaltung. Zunächst nicht in der Schöpfung, denn schon die Erhaltung ist eine größere Machtthat als diese, und wiederum eine größere Machtthat ist die Erlösung und ihre Ausführung an der Welt. Auch die Schöpfung ist wie die Erlösung eine Freithat seiner Liebe, denn nichts giebt es, was ihm dieselbe abgenötigt hätte. Von dieser Freiheit Gottes auch in der Schöpfung, und wie wir derselben inne werden, ist schon früher die Rede gewesen. Noch mehr aber ist die Erhaltung eine freie That seiner allmächtigen Liebe. Denn der Fortbestnad einer Welt, die an sich selbst, an dem in ihr herrschenden Gesetz der Sünde und des Todes folgerichtig nur zu Grunde gehen kann, ist nur möglich durch eine besondere Bethätigung der Macht Gottes im Zusammenhange seines Erlösungswillens. Nur auf Grund des Erlösungsratschlusses gilt das Wort: „was unser Gott erschaffen hat, das will er auch erhalten." So gilt, daß er „alles trägt mit dem Worte seiner Kraft". Im Zusammenhang damit beweist und bewährt sich dann die Allmacht weiter in all den Thaten Gottes, die zur Aus- und Durchführung seines Heilsratschlusses gehören von der Erlösung Israels aus Ägypten an bis zur Auferweckung Christi und bis zur schließlichen Ausführung des Gerichtes seiner Gerechtigkeit in der Heilsvoll-/endung, über dessen Zusammenhang mit der Macht Gottes schon die Rede gewesen ist. Ohne die Erlösung wäre die Thatsache des Bestehens einer zu dem Willen Gottes sich gegensätzlich verhaltenden Welt ein unlösbares Rätsel und die bedeutendste Instanz gegen die Allmacht Gottes. Die Heilsoffenbarung aber löst dies Rätsel und giebt zu erkennen, daß Gott doch die

Macht über die Welt und zwar eine wunderbare Macht hat, indem er sie, eine solche Welt, erhält für die Erlösung. Darum weiß der Christ, daß nicht der Weltzusammenhang allmächtig ist, sondern daß dieser Zusammenhang nur wirksam und zugleich beschränkt ist durch die Kraft Gottes. Die Erlösung der sündigen Welt aber ist die höchste That der allmächtigen, in ihrer Allmacht freien Liebe; das Gericht der Verdammnis dagegen ist die machtvolle Selbstbehauptung der göttlichen Unabhängigkeit und Freiheit gegenüber einer Kreatur, welche ihr widergöttliches Selbstleben auch noch der Erlösung gegenüber fortsetzt und behauptet.

Es ist kaum nötig, an die Schriftaussagen über die Allmacht Gottes zu erinnern, die nach Mark 10,27 allein unsre Seligkeit, unser Heil schaffen kann oder an die Zuversicht des Glaubens an diese Macht, die Paulus Röm 8,31ff ausspricht. Vor allem aber ist wichtig, wie die Bewirkung unseres Glaubens auf die Macht Gottes zurückgeführt wird, und zwar auf dieselbe Macht, die Christum auferweckt und erhöht hat, z.B. Eph 1,19ff; vgl. 1Petr 1,5; 1Tim 6,15; 1Kor 2,5; 2Kor 6,7; 12,9; Eph 3,7.20; 2Tim 1,8. Die Hoffnung Israels gründet sich auf seine Macht, die ihn in den Stand setzt, seinen Ratschluß auszuführen, Ps 33,8ff; 115,2ff; 135,4ff; Jes 50,2; 59,1. Kraft erscheint überall, wo Gott im Zusammenhang seiner Heilsoffenbarung wirkt, auch in seinen Strafgerichten Jer 32,17.27; Jes 14,27; die Wirksamkeit derer, die im Dienste seines Heilswillens stehen, geschieht in Kraft, Act 6,8; 1Thess 1,5; 1Kor 2,5; Kol 1,29, weil Gott selbst im heiligen Geiste mit ihnen ist, Luk 24,49; Act 1,8; 10,38; Röm 15,13.19; 2Tim 1,7; 1Petr 4,14. Geist und Kraft gehören zusammen, denn im Geiste, dem Innersten Gottes, ist er in seiner Macht für uns und über uns gegenwärtig, so daß Geist Gottes und Kraft Gottes synonym sind. Darum ist das Evangelium Kraft Gottes, selig zu machen, die es glauben, Röm 1,16; 1Kor 1,18; vgl. V.28; das Reich Gottes kommt in Kraft, Mark 1;9; vgl. 1Kor 4,19.20, und wo Gott als der Gott des Heiles / gepriesen wird, sei's gegenwärtig, sei's wenn sein ganzer Rat und Wille zur Erlösung der Seinen sich vollendet hat, da wird seine Macht gepriesen, die in allen Doxologien ihre Stelle hat, Matth 6,13; Eph 3,20f; 1Tim 6,16; Apok 7,12; 11,17; 12,10; 15,8; 19,1. Kraft ist sogar sein Name im Munde Jesu, Matth 26,64, wie bei den Rabbinen, vgl. Hebr 1,3, und seine Bezeichnung als ὁ μόνος δυνάστης, 1Tim 6,15, ergiebt sich dort von selbst, wo das Evangelium vom Reiche Gottes in seiner Wahrheit erkannt und geglaubt wird; denn auch die Verkündigung von dem χριστός, dem messianischen König, ist ja die Verkündigung des Königtums und Reiches Gottes, und wo sein Königtum verkündigt wird, da wird mit seiner rettenden Gerechtigkeit auch seine Macht bezeugt.

Sind die obigen Ausführungen über die Allmacht Gottes und insbesondere über die Entstehung und Verbürgung ihrer Erkenntnis durch die Heilsoffenbarung richtig, so ist die Annahme einer Beschränkung Gottes durch die Kreatur auch in der Form einer Selbstbeschränkung unmöglich. Die Allmacht Gottes müßte nicht eine in Freiheit sich bethätigende, sondern nach Art eines Naturgesetzes mit unwiderstehlicher Notwendigkeit sich auswirkende sein, wenn in ihr liegen sollte, daß die Wirksamkeit kreatürlicher Kausalitäten durch sie ausgeschlossen und sie allein wirksam wäre. Die Wirkungsfähigkeit der kreatürlichen Kausalitäten, der sogenannten *causae secundae* ist Produkt der Macht Gottes, ihre Wirksamkeit ist sein Wille, und da die Willkür des Willens von ihm ausgeschlossen ist, so kann in dem Dasein und in der Wirksamkeit dieser *causae secundae* um so weniger eine Beschränkung seiner Macht liegen, als in ihr ja nur sein Wille zum Ausdruck kommt. Allerdings aber liegt darin, daß damit auch eine willkürliche Durchbrechung dieser Wirksamkeit durch die Macht Gottes ausgeschlossen ist. Aber eben auch nur eine willkürliche Durchbrechung. Das bleibt bestehen, daß Gott für seine sonderlichen Zwecke nicht an sie gebunden ist, sobald diese Zwecke es erheischen. Das ist mit seiner Erhabenheit über das Gesetz des bedingten Seins gegeben. Er hat nicht allein dem bedingten Sein die bestimmten Schranken gesetzt, die von der Bedingtheit unabtrennbar sind, so daß die Beschränktheit derselben erst die volle Auswirkung der Kraft, die es hat und in der es sich bethätigen soll, ermöglicht und jede Maßüberschreitung die Kraft und ihren Träger selbst vernichten muß. Er ist ebenso imstande, dieser Wirk-/samkeit und also dem gesetzmäßigen Naturzusammenhang entgegen zu wirken, ohne ihn selbst aufzuheben, wo das Ergebnis desselben seinem Erlösungswillen widerspricht, wie er auf der andern Seite sich in Freiheit dieser Wirksamkeit bedienen und ihr im Zusammenhange seines Erlösungswillens für seine Zwecke Richtung geben kann. Darauf beruht die Möglichkeit der Wunder, die nicht irriger gerechtfertigt werden können als durch die Berufung darauf, daß die Allmacht Gottes eben alles könne. Als der Allmächtige müsse Gott imstande sein und sei imstande, ebenso durch die kreatürlichen Mittelursachen, wie ohne sie zu wirken, und lediglich durch sein Wort und Gebot hervorzurufen, was sonst das Ergebnis des Naturzusammenhanges sei. Darauf ist zu entgegnen, daß Gott, wie gerade seine Offenbarung beweist, nie mit sich selbst in Widerspruch tritt und treten kann. Dies würde der Fall sein, wenn er das, was nach seinem Willen in das Gebiet kreatürlicher Wirksamkeit fällt, ebenso auch ohne dieselbe, sie überbietend thun wollte. Nicht in Überbietung des Naturzusammenhanges, sondern in der Gegenwirkung gegen denselben liegt das Wesen der Wunder, und diese Gegenwirkung steht im Zusammenhang mit dem in sich einheitlichen der Welt geltenden Willen Gottes, wie er sich der sündigen Welt gegenüber zum Erlösungswillen gestaltet. Sie würde nicht erforderlich sein, wenn die Sünde nicht wäre, welche es bewirkt hat, daß der geschlossene Zusammenhang des kreatürlichen Seins nur zum Verderben desselben ausschlagen würde, wenn nicht die Erhabenheit Gottes über das Gesetz dieses Zusammenhangs ihm jene wunderbare Gegenwirkung ermöglichte. Indem der Erlösungswille den Schöpfungswillen nicht aufhebt und sich doch einen Zweck setzt, der dem Ergebnis des natürlichen entgegengesetzt ist, wird es verständlich, daß Gott den Naturzusammenhang nicht aufhebt, wenn er im einzelnen Falle ihm entgegenwirkt, wo der Zusammenhang seines auf die Erlösung gerichteten Handelns dies erfordert. Der Tag, an dem er dem gesamten jetzt bestehenden Zusammenhang ein Ende macht und auf den alle Wunderwirksamkeit weissagend hinweist, ist der Tag, an dem er „alles neu macht“ (Apok 21,5), einen neuen Himmel und eine neue Erde, in welchen Gerechtigkeit wohnt, „daß man der vorigen nicht mehr gedenken wird noch zu Herzen nehmen“ (Jes 65,17). Die Wunder sind Machtthaten des Gottes der Erlösung, die ohne sein besonderes Wirken nicht geschehen würden, auch dort nicht, wo er sich der im Weltzusammen-/hange wirksamen kreatürlichen Kräfte bedient, um zu stande zu bringen, was sie ohne seinen Willen nicht bewirken würden. Damit ist für den Christen der Ausweg der doppelten Buchführung ausgeschlossen, nach welcher überhaupt Naturwirkungen unter religiösem Gesichtspunkte als Gottes Wirkungen anzusehen seien und in diesem Falle als Wunder gälten.

Was die Annahme einer Beschränkung Gottes durch die kreatürlichen Kausalitäten, insbesondere der im Naturzusammenhange wirksamen verwehrt, das gilt nicht in geringerem, sondern in noch höherem

Grade von der Annahme einer Beschränkung oder Selbstbeschränkung Gottes in seinem Verhältnis zur freien Kreatur, zum Menschen. Der Satz, daß Gott der menschlichen Freiheit gegenüber sich überhaupt nicht allmächtig verhalte, ist absolut falsch. Gerade der menschlichen Freiheit gegenüber ist und verhält sich Gott allmächtig. Wenn nicht, so hat die Frage nach der göttlichen Allmacht überhaupt keine Bedeutung. Die Sache liegt aber vielmehr so, daß gerade die Allmacht Gottes die menschliche Freiheit möglich macht. Nur wenn Gott nicht allmächtig, sondern in seiner Macht gebunden d.i. beschränkt wäre, könnte er kreatürliche Freiheit nicht ertragen. Nun aber wissen wir durch die Erlösungsoffenbarung, daß die Bethätigung seiner Allmacht nicht bloß in einer wenn auch erst schließlichen Vernichtung der menschlichen Freiheit besteht, sondern vielmehr darin, daß er die verlorne Freiheit des Menschen wiederherstellt. Er ermöglicht ihm durch die Darbietung des Heiles in erwählender Liebe zunächst wieder eine für sein ganzes Dasein entscheidende freie That, die That des Glaubens, während es ohne diese Erwählung ewig bei dem *servum arbitrium* bliebe. Im Glauben aber, der auf dieser Wirksamkeit Gottes in Ausführung seines Erlösungswillens beruht und durch sie hervorgebracht ist, hat der Mensch seine Freiheit von dem ihn wie die ganze Welt knechtenden Verderbensgesetz der Sünde und des Todes, und wartet inmitten des auch ihn noch bedrückenden Weltzusammenhanges auf die „herrliche Freiheit der Kinder Gottes", in welcher ihr Leben erst ungehindert und ungehemmt alles entfalten wird, was in ihm beschlossen ist. Die Thatsache der Sünde ist keine Instanz gegen die Unbeschränktheit der göttlichen Allmacht. Gott leidet die Sünde, aber er braucht sie nicht zu leiden. Er läßt sie geschehen, er erhält sogar durch seine Allmacht die Welt, in der sie regiert, er unterdrückt sie nicht mit seiner Gewalt, sondern / er erträgt die Welt, aber nur, weil er die Allmacht seiner Liebe bethätigen kann und will zu ihrer Erlösung. Darum nötigt die Thatsache der Geduld Gottes mit der Sünde den Christen nicht zu dem Versuche, dieselbe durch die Annahme einer Selbstbeschränkung Gottes zu erklären, sondern im Gegenteil zu einer energischen Bethätigung des Glaubens an die göttliche Allmacht, die allein imstande ist, eine solche Welt nicht bloß zu ertragen, sondern sogar zu tragen. Die Erkenntnis und Anerkennung der göttlichen Allmacht ist durchaus Sache des Glaubens und nur dem Glauben an die Erlösungsoffenbarung möglich. Stärker kann die Vereinbarkeit der kreatürlichen Freiheit mit der göttlichen Allmacht nicht dargethan werden, als durch die Erlösungsoffenbarung in ihrer unsre Freiheit wiederherstellenden und in Anspruch nehmenden Bedeutung. Wo freilich diese allmächtige Liebe Gottes verworfen wird, da tritt an die Stelle der Wiederherstellung die endgültige Vernichtung der Freiheit, denn die Verdammnis ist Vernichtung der Freiheit, an deren Stelle dann die Ohnmacht des zitternden Glaubens der Dämonen in „Heulen und Zähneknirschen" tritt.

So ist gerade die Freiheit, in der Gott den Menschen geschaffen hat, eine Verherrlichung der göttlichen Allmacht, sofern sogar der Mißbrauch der Freiheit, ihre Bethätigung wider Gottes Willen dazu dienen muß, eine Bethätigung der Allmacht und Freiheit Gottes hervorzurufen, in welcher erst die ganze Fülle derselben offenbar wird.

Alle Fehler, die bei der Erörterung der Allmacht Gottes begangen werden, hängen damit zusammen, daß man nicht von der Wirklichkeit derselben ausgeht, wie sie sich uns in der Selbstbethätigung in seiner Offenbarung zu erkennen und zu erleben giebt, sondern daß man ihre Erkenntnis *a priori* zu gewinnen sucht. Dahin gehört vor allem die Definition der Allmacht als Einheit des göttlichen Willens und Vermögens und die daraus gezogene Folgerung der Notwendigkeit alles göttlichen Wirkens, also sowohl die Schöpfung wie der Erlösung. Abgesehen davon, daß Übereinstimmung nicht Einheit ist, ist die Anwendung des Begriffs der Notwendigkeit auf Gott durchaus falsch. Er widerspricht der thatsächlichen Erhabenheit Gottes über alles, was Gesetz heißt. Der Begriff der Notwendigkeit gilt nur, wo es Gesetz giebt. Gesetz aber giebt es nur auf dem Gebiete des bedingten, geschaffenen Seins. Für Gott giebt es nur Freiheit, und die kreatürliche / Freiheit unterscheidet sich von der göttlichen Freiheit dadurch, daß im Gebiet der Kreatur Freiheit und Abhängigkeit ineinander sind und bestehen. Damit hängt es auch zusammen, daß wir nicht imstande sind, die Antinomie von Freiheit und Notwendigkeit anders zu lösen als dadurch, daß wir uns die Gründe vergegenwärtigen, welche die Anwendung des Begriffs der Notwendigkeit auf Gott verwehren.

2. Die Allgegenwart Gottes

Geschöpfliches Sein ist bedingtes Sein, bedingtes Sein ist endliches Sein. Damit ergiebt sich für das geschöpfliche Sein die Gebundenheit an Raum und Zeit als die Form der Endlichkeit. Damit ist zugleich gegeben, daß diese Gebundenheit der Kreatur an die Form ihres Daseins ebensowenig eine Gebundenheit Gottes in seinem Verhältnis zur Kreatur ist, wie die Thatsache ihres Daseins eine Beschränkung seiner Macht und Freiheit ist. Weder das Dasein noch das Sosein der Kreatur bildet irgend welche Schranke. Die Erhabenheit Gottes über das bedingte Sein ist, wie wir uns sagen mußten, auch eine Erhabenheit über das Gesetz des bedingten Seins in jeder Beziehung, ohne dieses Gesetz und mit ihm das bedingte Sein selbst aufzuheben oder zu verneinen. Darum ist die Erhabenheit Gottes über dies Gesetz eine Erhabenheit über Raum und Zeit, die ihn nicht hindert, sondern vermöge deren er imstande ist, sich nicht bloß mit uns in Verbindung zu setzen, sondern in Verbindung zu bleiben, so daß auch wir dadurch über Raum und Zeit hinaus den haben können, der alles, was er ist, für uns und mit uns sein will. Daß Gott durch die Gebundenheit des geschöpflichen Seins an die Existenzform des Raumes nicht gebunden ist in seiner Selbstbethätigung in und an der Welt, pflegen wir als seine Allgegenwart zu bezeichnen, wofür wir richtiger ebenso umfassend und weniger abstrakt Weltgegenwart sagen würden.

Indes nicht durch solche Erwägungen ist die Erkenntnis der Allgegenwart Gottes entstanden. Der Gedanke derselben ist von der Religion unabtrennlich und hat in ihr seinen Ursprung. Alle Religion, auch die Irreligion oder das Heidentum, sofern sie ein Suchen nach Gott ist und also mit dem Gottesbegriff rechnet, verbindet mit dem Gedanken der Jenseitigkeit der Gottheit auch den Gedanken wenigstens einer gewissen Erhabenheit über die / Schranke des Raumes. Aber eine wirkliche Weltgegenwart Gottes, welche die Philosophie auf dem Wege pantheistischer Spekulation unter Aufgabe der Selbständigkeit Gottes im Unterschiede von der Welt und ihr gegenüber zu gewinnen sucht, kennt nur die Religion der Offenbarung und kann nur sie kennen, wenn das Verhältnis zwischen Gott und Welt in der That so ist, wie wir es durch die Offenbarung erleben, nämlich ein Verhältnis, in welchem wir ganz auf die frei sich bethätigende Liebe Gottes angewiesen sind. Während man außerhalb der Offenbarungsreligion Gott sucht und nicht weiß, daß er „nicht fern ist“ von einem jeglichen unter uns, ergiebt die Offenbarung, die Selbstbethätigung Gottes zu unserer Erlösung, daß er „nahe ist“. Dadurch allein, nicht durch lehrhaften Aufschluß und Mitteilung von Erkenntnissen, sondern durch das besondere inweltliche Handeln der Liebe des überweltlichen Gottes entsteht die Erkenntnis seiner wirklichen Weltgegenwart als eine Gewißheit des Glaubens, zu dem wir uns verpflichtet erkennen und den er in uns wirkt. Sie entsteht also auf religiösem Wege und zwar ebenso wie die Religion selbst, die wirklich Religion, wirkliche Verbindung mit Gott ist, durch göttliche Initiative. Die specifisch christliche Erkenntnis der Weltgegenwart Gottes, welche von der israelitischen Erkenntnis sich unterscheidet, wie die Erfüllung von der Verheißung, entsteht und baut sich auf auf dem Glauben an Christus und auf der Erfahrung der Gegenwart Gottes in Christo und in der Predigt von Christo; wir erkennen und erleben sie durch die auf uns gerichtete Wirksamkeit des heiligen Geistes. Sie ist wie die Gegenwart Gottes nicht im Besitz einzelner, sondern der Gemeinde, welche κατοικητήριον τοῦ θεοῦ ἐν πνεύματι ist und als solche dankbar rühmt: „Gott ist gegenwärtig, lasset uns anbeten“ und der Zeit wartet, wo die Herrlichkeit des Herrn die Welt füllen wird, „wie Wasser das Meer“. Die Gegenwart Gottes, in Kraft deren die Gemeinde ist, was sie ist, ist ihr der Thatbeweis dafür, daß die Schranke des Raumes Gott nicht von der Welt und darum auch nicht die Welt von Gott scheidet. Wenn er auch der Welt nicht überall in gleicher Weise gegenwärtig ist, so ist er ihr doch überall gegenwärtig und wird ihr auf dem Wege der Weltmission so gegenwärtig, wie er es der Gemeinde ist. Der Christ weiß sich von Gott gesucht, gefunden, und seiner Gemeinde „einverleibt“ durch das berufende, sammelnde, erleuchtende und heiligende Wort in Kraft des heiligen Geistes, der in ihm das Haben Gottes im Glauben / gewirkt hat. So kennt er eine Weltgegenwart Gottes, von der niemand etwas wissen kann außer durch dieses Handeln Gottes im Zusammenhange seiner Offenbarung, durch welche wir erst inne werden, was für einen Gott die Welt hat.

Damit sind wir wieder wie bei allen bisherigen Erörterungen für unsere Aussagen über die Weltgegenwart Gottes an die durch den Glauben wahrnehmbare Wirklichkeit derselben gewiesen. Es ist unmöglich, auf dem Wege gedankenmäßiger Folgerichtigkeit mittelst Vergleichung und Unterscheidung der Erhabenheit Gottes über unsre Gebundenheit an den Raum, unsrer Endlichkeit und seiner Unendlichkeit oder gar des Geistes und der Materie zur Erkenntnis der Thatsache und Art der Weltgegenwart Gottes zu gelangen, so daß es dann nur nötig wäre, in den so gewonnenen Rahmen den Begriff der Liebe als Ausdruck des Wesens Gottes einzusetzen, um die Form mit christlichem Inhalte zu erfüllen. Da es sich nicht um die Seinsweise Gottes im Unterschiede von der Welt, sondern wie bei allen Eigenschaften um wirksame Selbstbeziehung Gottes zur Welt handelt, so sind wir auch an die Wirklichkeit des in Freiheit sich vollziehenden Wirkens Gottes für die Erkenntnis seiner Weltgegenwart gewiesen. Die Thatsache der Freiheit Gottes in seinem Wirken macht von vornherein jeden Versuch aussichtslos, der es unternimmt, eine Erkenntnis der Thatsache und Art dieses Wirkens unter Absehen von der Wirklichkeit zu gewinnen.

Gehen wir also von der Thatsache der dem Christen feststehenden Weltgegenwart Gottes aus, so kennen wir dieselbe nicht als bloße Gegenwart bei der Welt von außen her, als ein Nebeneinander und Außereinander von Gott und Welt, sondern als eine Gegenwart in der Welt, nur nicht wie alles, was dem Weltzusammenhange an Erscheinungen und Kräften angehört, ihr eingeordnet und so an sie und damit an den Ort gebunden, sondern ihr übergeordnet, und in dieser Überordnung sich an allem, was in der Welt ist, bethätigend. Die Welt ist nicht der Ort Gottes, an den er gebunden wäre, und darum giebt es auch in ihr nicht einen Ort für ihn wie für alles, was zu ihr gehört. Wo etwas ist, wo etwas geschieht, da ist auch Gott, nicht aber wie die in der Welt wirksame in all ihren Erscheinungen wahrnehmbare Kraft als Teil ihres Bestandes, als Seele der Welt von ihr unabtrennbar, sondern in Freiheit sich zu allem, was ist und geschieht, ver-/haltend. Die Thatsache dieser allgemeinen Weltgegenwart ergiebt sich dem Christen mit der Erkenntnis, die wir bezüglich der Erhaltung der Welt durch die Allmacht Gottes gewonnen haben. Sie ist nicht das notwendige Ergebnis des Unterschiedes in der Seinsweise Gottes als dessen, der durch nichts bedingt ist und selbst alles bedingt, von der Seinsweise der Welt, sondern beruht auf der freien Selbstbethätigung seines machtvollen Willens, durch die er alles erhält, was ist, und sich auf alles bezieht, was ist und geschieht. Nicht für Gott, sondern für die Welt und alles, was in ihr ist, ist diese Selbstbeziehung und Selbstbethätigung Gottes notwendig. In Gott beruht ihre Möglichkeit, in der Freiheit seiner Liebe ihre Thatsächlichkeit, in der Bedingtheit der Welt ihre Notwendigkeit für diese.

Es ist aber nicht etwa bloß das Ganze der Welt, auf welches er sich wirksam bezieht, so daß nur dadurch das Einzelne bestände und also das Einzelne nur mittelbar Objekt seiner tragenden und erhaltenden Kraft wäre, sondern er bezieht sich auf das Ganze und das Einzelne, weil das Ganze wie das Einzelne für den Menschen ist, für den Gott alles sein will und ist, was er ist. Die Scheidung zwischen dem Ganzen und dem Einzelnen ist eine Abstraktion, deren Unzulässigkeit leicht klar wird, sobald man die Frage konkret stellt und gerade das ins Auge faßt, was am ersten wider die Selbstbeziehung Gottes auf das Einzelne zu sprechen scheint, die Sünde. Ist Gott auch, wo Sünde geschieht? Würde dies geleugnet werden müssen, so würde sich ergeben, daß die Sünde nur geschehen könne und geschehe, wo und weil Gott nicht gegenwärtig sei. Sie geschieht aber nicht, wo und weil Gott seine Gegenwart entzieht, sondern wo und weil der Mensch Gott und seine Gegenwart nicht achtet. Allerdings giebt Gott auch in strafendem Gericht den Menschen an die Sünde hin, aber gerade diese Hingabe an die Macht der Sünde wird von dem, dem die Augen über das ihm widerfahrene Gericht aufgehen, als Zeichen und Zeugnis für die wirksame Gegenwart Gottes erkannt, aus dessen Hand der Sünder nicht herauskam, auch wenn Gott „seine Hand abzieht". Gott hält ihn nicht mehr, verläßt ihn, aber entläßt ihn nicht aus seiner Gegenwart und damit aus seinem Gericht. Gottes Gegenwart wirkt nicht überall das Gleiche, aber wirkt überall, auch in dem Elend der Gottverlassenheit. Er wirkt die Sünde nicht, aber er ist, wo sie geschieht, – das ist das Wunderbare an dieser Gegenwart Gottes, nur in derselben Weise / zu begreifen, wie die Erhaltung der sündigen Welt, der er sich in seinem Liebeswillen nicht entzieht, sondern gegenwärtig bleibt, am wunderbarsten in der Versündigung der Welt an Christus. Wird aber nicht einmal durch die Sünde die Gegenwart Gottes aufgehoben, so ist noch viel weniger Grund vorhanden, diese Gegenwart für das Einzelne im Weltzusammenhange abzulehnen und nur auf das Ganze zu beziehen. Auch der Sperling fällt nicht vom Dache ohne den Vater im Himmel. Wo etwas ist und geschieht, da ist Gott, ohne daß darum, alles, was ist und geschieht, durch ihn geschähe. Aber diese Gegenwart Gottes kennt und erkennt nur der Glaube, und zwar der Glaube, der mehr noch als diese allgemeine Weltgegenwart Gottes kennt.[10]

Diejenige Gegenwart Gottes, von der aus der Glaube dieser allgemeinen Weltgegenwart Gottes gewiß ist, ist seine Heilsgegenwart in seinem auf die Erlösung gerichteten sonderlichen Wirken. Wo Gott in erwählender Liebe sich bethätigt und dadurch eine besondere Verbindung zwischen sich und dem Menschen herstellt, da ist Heilsgegenwart Gottes. Wir erfahren diese Heilsgegenwart Gottes in der heilszueignenden Wirksamkeit des heiligen Geistes in Wort und Sakrament. Wer der zum Glauben verpflichtenden und den Glauben wirkenden Kraft der Offenbarung Gottes inne geworden ist, kennt ein sonderliches Handeln Gottes mit uns, welches „erwählungsgemäß" sich in der Welt innerhalb ihres geschichtlichen Lebens bethätigt. In dieser Bethätigung Gottes im heiligen Geiste oder in seiner Heilsgegenwart erschließt sich denen, an denen sie geschieht, das Innerste Gottes (vergl. 1Kor 2,11) und damit alles, was die Gegenwart Gottes in der Welt in sich befaßt. Sie ist, um es unserm Vorstellungsvermögen gemäß auszudrücken, das Centrum der Gegenwart Gottes in der Welt. Gerade an ihr wird erkannt, daß die Weltgegenwart Gottes kein Wirken von jenseits her, kein Wirken in die Ferne ist. Denn es ist ein Handeln / Gottes mit uns von Person zu Person, und zwar ein auf die vollendetste Gemeinschaft, auf jene Liebesgemeinschaft gerichtetes Handeln, die weit über alle menschliche Liebesgemeinschaft hinausgeht, indem wir in ihr Gott ganz haben sollen und können, so haben, wie kein Mensch den andern haben kann. Sie bringt es zu einem Leben Gottes in uns und auf unserer Seite zu einem Leben in Gott, nicht nur zu einem Leben durch Gott, in welchem er seinen Geist als neue Naturkraft unseres Lebens in uns wirken ließe. So kommt die Verbindung Gottes als des Gottes unseres Heiles mit denen zu stande, an und in denen er seine erwählende Liebe

---

[10] Die Anschauung der heil. Schrift in betreff dieser Weltgegenwart Gottes, wie Ps 139; Jer 23,23; Act 17,27; Matth 10,29, auszuführen, dürfte nicht nötig sein; ebensowenig die Aussagen über die Nähe Gottes bei denen, die zu ihm rufen, wie Ps 145, 18 u.a. In betreff des Folgenden aber muß ich, um nicht zu ausführlich zu werden und mich nicht selbst auszuschreiben, auf die Artikel πνεῦμα, οὐρανός, ἀποκαλύπτειν in meinem bibl.-theol. Wörterbuch der neutestamentlichen Gräcität, sowie auf meinen Artikel „Geist Gottes" in PRE³ verweisen.

bethätigt; so entsteht die Gemeinde Gottes oder die Heilsgemeinde, zusammengeschlossen durch diese sie aus der Weltgemeinschft heraus erwählende und loslösende That, und diese Gemeinde ist die Stätte der für die ganze Welt bestimmten Heilsgegenwart Gottes. Von dieser Stätte aus soll sie durch das Zeugnis und den Liebesdienst der Gemeinde der ganzen Welt kund werden und will sie ihr kund werden und sich an ihr bethätigen. Das ist die Bedeutung der Missionsgemeinde und der Missionsarbeit, daß in ihrem Geleit die Heilsgegenwart Gottes das Zeugnis seiner Boten bestätigt und sich selbst als gegenwärtig und wirksam oder in seiner Heilsgegenwart denen bezeugt, die ihn nicht kennen und an denen er sich bis dahin nicht so bethätigt hat. Erkannt und aufgenommen werden kann er aber von ihnen in der zum Glauben verpflichtenden und den Glauben wirkenden Kraft seiner Offenbarung, so daß auch sie der Thatsache der besonderen wirksamen Gegenwart Gottes inne werden. Darauf beruht jene Aufnahme des das Heil und die Stunde der Gnadenheimsuchung Gottes bezeugenden Wortes, welche Paulus erfahren: „da ihr von uns empfinget, was Gott zu hören gegeben, habt ihr es aufgenommen nicht als Menschenwort, sondern gemäß dem, was es wirklich ist, als Gottes Wort, als welches es sich auch in euch, die ihr glaubet, wirksam erweist" (1Thess 2,13).

In diesem Zusammenhange wird nun auch verständlich, wie eine Erkenntnis bezw. Gewißheit dieser Gegenwart Gottes in der Empfindung derselben als unentrinnbarer Allgegenwart vorhanden sein kann, ohne daß sie schon als Heilsgegenwart Grund und Objekt des vertrauenden Glaubens ist. Denn die verpflichtende Kraft aller Bethätigung Gottes in seiner Offenbarung ist überall die Erstwirkung des darin sich kund gebenden Gegensatzes Gottes gegen / unsere Sünde, und damit hängt die Weckung unseres Gewissens zur Selbstüberzeugung unserer Schuld und Gerichtsverhaftung zusammen. Daß hiermit sich nicht sofort die Empfindung und Erkenntnis der Berechtigung zum vertrauenden Glauben verbindet, ist der psychologischen Betrachtung leicht verständlich. Der Glaube kann, wie wir uns schon früher sagen mußten, nicht anders Bestand haben, als unter energischer Selbstvollziehung des Gerichtes, dem wir durch das Heil Gottes entnommen sein sollen. Die Nötigung zu diesem Selbstgericht bewirkt zugleich das Schwanken zwischen Annahme und Verwerfung des Evangeliums. Wo aber, wie innerhalb der geschichtlichen Christenheit die das Evangelium bezeugende Gemeinde pädagogisch zu wirken hat auf die in ihre

Gemeinschaft hineingeborenen Glieder, um sie zum Glauben und zur Heilsgemeinschaft zu erziehen, da ist es geradezu unausbleiblich, daß es lange Zeit und fast regelmäßig nur das böse Gewissen ist, in welchem die Einzelnen trotz ihrer Zugehörigkeit zur Gemeinde der Gegenwart Gottes gewiß sind. Dies ist der Fall selbst dort, wo die Erziehung zum Glauben in klarer Erkenntnis ihrer Aufgabe geübt wird. Daß es der Fall ist auch dort, wo weder die berufenen Erzieher noch die Gemeinde selbst im Glauben leben, ist nur ein Zeugnis für die auch den Resten von Christentum noch innewohnende verpflichtende Macht der Wahrheit, deren beseligender und befreiender Inhalt natürlich verborgen bleiben muß, bis solche kommen, die „etwas Ganzes vom Evangelium" kennen.

Hierdurch wird zugleich klar, was es mit der Behauptung auf sich hat, daß die Gegenwart Gottes desto vollkommener sei, je größer die Kapacität des Geschöpfes sei. Nicht die Gegenwart Gottes ist verschieden, sondern nur die Wirkungsweise Gottes in seiner Gegenwart; diese aber wiederum bestimmt sich nicht bloß nach dem Bedürfnis und nach dem Verhalten dessen, dem sie gilt, sondern steht rücksichtlich ihrer Bethätigung an den Heiden in Zusammenhang mit der Ausführung des göttlichen Missionswillens durch die Gemeinde, sowie mit Zeit und Stunde seiner Selbstbethätigung, deren Wahl Gott in seiner Freiheit und Weisheit vorbehalten.

Kehren wir zurück zu dem, was von der Heilsgegenwart Gottes im Unterschiede von der allgemeinen Weltgegenwart zu sagen war, so ergiebt sich, daß diese in der Gemeinde wirksame Heilsgegenwart oder die Gegenwart, deren Stätte die Gemeinde / ist, sich objektiv Ausdruck giebt in Wort und Sakrament als den Mitteln der Zueignung des Heils. Die Gegenwart Gottes in der Gemeinde hebt die Unterschiedenheit zwischen Gott und der Gemeinde nicht auf und gestaltet sich nicht zur Gottheit der Gemeinde, auch nicht in der Heilsvollendung. Denn die Gemeinschaft zwischen Gott und der Gemeinde ist auch in ihrer Einzigartigkeit Liebesgemeinschaft. Demgemäß ist es durchaus berechtigt, von der Gegenwart Gottes in Wort und Sakrament zu reden; sie bildet den Inhalt von Wort und Sakrament, das Wort als lebendig bezeugtes, das Sakrament in seiner Anwendung gedacht. Denn eine in den Gnadenmitteln auch abgesehen von ihrer Anwendung vorhandene Gegenwart wie z.B. in der Monstranz nach römischer Lehre widerstreitet dem Begriff und Wesen der Gegenwart Gottes, welche nur wirksame, nur sich bethätigende Gegenwart ist. Gegenwart Gottes in Wort und Sakrament auch abgesehen von ihrer Darbietung und ihrem Gebrauch würde eine eingeschlossene, gebundene Gegenwart ergeben, das Gegenteil der wirklichen Gegenwart Gottes.

Indem die Heilsgegenwart Gottes nur das Ergebnis seiner Offenbarung in Christo ist und die Bezeugung der Heilsgegenwart nur durch die Bezeugung des Evangeliums von Christo geschieht, geht die zum Glauben verpflichtende und den Glauben wirkende Kraft von Christus aus. Der Glaube ist Glaube an Christus. Der Glaube erkennt in Christus eine einzigartige Gegenwart Gottes, die anders geartet ist, als seine Gegenwart in der Gemeinde. Christus ist wie der Vater Objekt des Glaubens.[11] Nicht hat Christus den Vater, wie ihn die Gemeinde haben soll, sondern des Vaters Gegenwart in Christus ist wie die Gegenwart in Wort und Sakrament, eine sich in der Wirkung an uns bezw. an der Gemeinde bethätigende. Sie wirkt die Gemeinde, ist also von der Gemeinde selbst als von ihrer Wirkung ebenso unterschieden, wie seine Gegenwart in Wort und Sakrament. Gewiß gehört Christus zu uns, zur Gemeinde, aber er ist ihr nicht eingeordnet als eins ihrer Glieder, sondern indem er zu uns gehört, wie kein Mensch, kein Bruder dem andern zugehören kann, ist er / uns so übergeordnet, wie Gott der Vater unsres Herrn Jesu Christi in seiner Heilsgegenwart nicht der Gemeinde eingeordnet, sondern übergeordnet ist. Wort und Sakrament wirken nur, weil sie uns mit dem Vater zugleich Christum gegenwärtig und wirksam machen, weil Gott in Christo durch sie wirkt. So ergiebt sich eine besondere Gegenwart Gottes in Christo, und weil diese Gegenwart eine Gegenwart Gottes in seinem heiligen Geiste ist, so ergiebt sich die Heilsgegenwart als Gegenwart des dreieinigen Gottes.

Von hier aus ergiebt sich ein zwiefacher Schluß nach rückwärts und nach vorwärts. Nach rückwärts, indem nun alles erwählende Thun Gottes, welches die Sendung Christi zum Zwecke hat, als Offenbarungsgegenwart sich von der allgemeinen Weltgegenwart abhebt, ohne

---

[11] Vergl. mein Wörterbuch unter πίστις, πιστεύω, sowie meine theologische Prinzipienlehre 4,1ff; 8,1ff in Zöckler's Handbuch der theologischen Wissenschaften.

schon die Heilsgegenwart in Christo zu sein.[12] Wo Gott in und an Israel handelt, da ist er gegenwärtig, und zwar vollzieht sich alles Wirken Gottes gemäß seinem Heilszwecke durch seinen Geist, das Innerste seines Wesens. Deshalb führt sich alle Kundgebung, alle Offenbarung, jede Machtthat Gottes an Israel auf seinen Geist zurück. Aber es ist ein Wirken Gottes für die Erfüllung der Verheißung. Er wird Israel erst gegenwärtig, wie er es bis dahin noch nicht gewesen war, in Christus, und da auch das Verhalten Israels zu Christus zu dem Heilszweck Gottes gehörte, um der in ihrem ganzen Gegensatz gegen Gott sich bethätigenden Sünde gegenüber trotzdem und dennoch sich in seiner erlösenden Liebe zu bethätigen, so wird von hier aus die Thatsache verständlich, daß diejenige Heilsgegenwart Gottes, deren wir uns jetzt erfreuen, erst Ergebnis der Geschichte ist, die sich damals begeben.

Nach vorwärts aber ergiebt sich die Aussicht, daß am Ende der Wege Gottes in der Welt, der Missionswege, jene Gegenwart Gottes steht, in welcher nicht mehr zu unterscheiden ist zwischen der auf dem Heilswillen Gottes beruhenden allgemeinen Weltgegenwart Gottes und seiner Gegenwart in seiner Gemeinde, sondern nur noch zwischen dieser und seiner Gerichtsgegenwart bei den Verlornen (Vergl. 1Kor 15,28; Apok 21,2.3).

Aus diesen Unterschieden in der Gegenwart des überweltlichen / Gottes in der Welt wird auch der Unterschied verständlich, der für uns zwischen der Art besteht, wie die Gegenwart Gottes in der Welt erlebt wird, und wie sie erlebt wird von denen, die aus dem diesseitigen Weltzusammenhange scheiden und dann entweder die Vollendung ihrer Gottesferne oder Gottesnähe erleben. Da die inweltliche Gegenwart Gottes seine Überweltlichkeit nicht aufhebt, so giebt es ein Erscheinen vor ihm, wo nicht mehr unser Eingeordnetsein in den diesseitigen Weltzusammenhang die Art unserer Wahrnehmung Gottes bestimmt, und diese Erfahrung Gottes bestimmt sich sowohl nach dem Verhalten Gottes in seiner Weltgegenwart zu uns, als nach unserm Verhalten zu ihm.

---

[12] Vergl. das Wohnen Gottes unter Israel in seinem Heiligtum, und das Verhältnis desselben zur messianischen Zukunft, das Gebet Salomos 1Kön 8 mit dem Wort Jesu Joh 4,24 und V.22. (Vergl. Joh 7,39; Deut 10,14; Jes 66,1; Matth 5,34f).

Indem aber die inweltliche Gegenwart Gottes seine Überweltlichkeit nicht aufhebt, sind wir ebenso berechtigt wie verpflichtet, von der diesseitigen und gegenwärtigen Gegenwart Gottes seine Überweltlichkeit und damit sein Sein jenseits dieser Welt d.i. sein Sein im Himmel zu unterscheiden, ohne daß wir damit einen Ort Gottes im inweltlichen, räumlichen Sinne kennen. Seine inweltliche Gegenwart ist zugleich eine Gegenwart von seiner Überweltlichkeit aus, vom Himmel her, von dannen her er sich auch am Tage der Heilsvollendung zum Zwecke der Bethätigung seiner richtenden Gerechtigkeit offenbaren wird. Wir sind, wie schon der Begriff der Überweltlichkeit zeigt, nicht imstande, dies anders als in der Form eines örtlichen Verhältnisses auszudrücken, ohne daß, wie ebenfalls in dem Begriffe der Überweltlichkeit liegt, damit Örtlichkeit im diesseitigen Sinne gemeint ist. Die „Rechte Gottes", zu der Christus erhöht ist, ist überall und doch überweltlich, ja gerade deshalb überall. Sie ist inweltliche und überweltliche Gegenwart zugleich.

3. Die Allwissenheit Gottes

Im engsten Zusammenhange mit der Allgegenwart Gottes drängt sich dem Glauben die Thatsache der göttlichen Allwissenheit auf, wofür der 139. Psalm der klassische Ausdruck ist. Da die Allgegenwart Gottes wirksame Gegenwart dessen ist, der sich für den Zweck seiner erlösenden Liebe auf die Welt bezieht, so ist sie ohne das entsprechende Wissen um die Welt und alles, was in ihr ist und geschieht, nicht zu denken. Denn alles, was im Weltzusammenhange ist und geschieht, steht in Beziehung zum Menschen, / bestimmt ihn wie auch er es bestimmt, und die Erlösung, der Erlösungswille Gottes gilt nicht dem Menschen abgesehen von dem Zusammenhange, in dem er sich befindet, von der Welt, auf die er angewiesen ist, sondern gerade in diesem Zusammenhange, und darum ist nichts in diesem Zusammenhange dem Wissen Gottes um den Menschen und um die Menschheit als Objekt seines Erlösungswillen entzogen. Alles, worauf sich Gott in seiner Weltgegenwart bezieht, ist wie ein Objekt seines Willens, so auch seines Bewußtseins. Dadurch hängt die Allwissenheit zugleich mit der Allmacht und ebenso wie Allmacht und Allgegenwart wieder mit den seine Weltbeziehung bestimmenden, in seiner Offenbarung sich erschließenden Eigenschaften Gottes zusammen. Der Glaube an die Weisheit, an die Gerechtigkeit und Heiligkeit Gottes ist zugleich Glaube an die Allwissenheit dessen, der in seiner Weisheit für die Zwecke seiner Liebe die Mittel und Wege selbst bestimmt und ordnet, auf denen die Bethätigung seiner Heiligkeit und Gerechtigkeit diese Zwecke verwirklicht. So rechtfertigt sich dieser Zusammenhang, der dem Glauben gewiß ist auf Grund der Erfahrung, die er von der zum Glauben verpflichtenden und Glauben wirkenden Kraft der Offenbarung durch die berufende Gnade gemacht hat. Denn der Glaube an die Liebe, die den Sünder gesucht und gefunden, der Glaube an die in freier Erwählung sich bethätigende Liebe bedarf nicht der Reflexion, um Glaube zu sein an den, der den Sünder und alles, was ihn angeht, und damit auch seine Sünden und seine Sorgen, all sein Thun und Lassen, sein Leben und Erleben, den ganzen Zusammenhang kennt, in welchem er steht. Als Glaube an den, der ihn erwählet hat, ist er Glaube an den, der ihn nicht erst kennt, seit er ihn berufen hat, sondern der ihn gekannt hat in seiner Verflochtenheit in das Reich der Sünde, bevor er sich an ihm in seiner erwählenden Liebe durch das berufende Wort bethätigt hat. So erweitert sich das Wort „der Herr kennt die Seinen“ (2Tim 2,19) über den Kreis der Seinen hinaus zu denen, die es nicht sind und die es noch nicht sind, und die Haare auf dem Haupte sind alle von ihm gezählt, ebenso wie die Sterne (Jes 40,26 vergl. V. 27) und die Sperlinge auf dem Dache, Matth 10, 29.30. Nicht Ergebnis des Denkens sondern Gewißheit des Glaubens an den Gott der Erlösung ist die Überzeugung von der Allwissenheit Gottes und darum ein Glaubensartikel wie alle Eigenschaften / Gottes, ebenso wie der Glaube selbst bei uns erzeugt durch die Offenbarung Gottes in Christo. Daraus begreift sich zugleich, daß sie ebenso dem Glauben Aufgaben stellt, wie sie ein Halt für ihn ist, – die Aufgabe festzuhalten und sich von ihr festhalten zu lassen, wenn die uns bedrängende Wirklichkeit des Weltlebens wider sie zu sprechen scheint, als gebe es Menschen und ihr Thun und Lassen, wonach Gott nicht frage und worauf er nicht achte (Ps 73,11).

Die Erscheinung, daß die Überzeugung von der Allwissenheit Gottes innerhalb der Christenheit nicht erst eine unabweisbare Gewißheit des Glaubens, sondern schon des bösen Gewissens ist, hängt mit der gleichen Erscheinung in betreff der göttlichen Allgegenwart zusammen und erklärt sich wie diese (s. oben S. 100f). Ja die Gewißheit des bösen Gewissens in betreff der Allwissenheit Gottes drängt sich so mächtig auf, daß das Problem, welches der Reflexion sich aufdrängt und mit welchem die Philosophie der Stoa sich schon beschäftigt, nämlich ihre Vereinbarkeit mit der menschlichen Freiheit, erst als Problem im Zusammenhange mit dem Bestreben empfunden wird, sich der Macht dieser Gewißheit zu entziehen. Daß dies Problem schon vor dem Christentum außerhalb des Gebietes der Offenbarungsreligion von der Philosophie behandelt wurde, ist ein Zeugnis davon, daß die Allwissenheit Gottes auch dem Heidentum nicht fremd ist. Die Überzeugung von ihr macht sich dort in viel bestimmterer Weise geltend, als der dem Heidentum ebenfalls nicht fremde Gedanke von einer, wenn auch immerhin beschränkten Weltgegenwart Gottes. Dies hängt zusammen mit dem Gewissen der Heiden, dem auch der Grundzug aller heidnischen Religionen, die namenlose Furcht entstammt. So richtig Ritschls Bemerkung ist, daß es eine sogenannte natürliche Religion nie gegeben, so falsch ist die Behauptung, daß das Gewissen erst Produkt der sittlichen bezw. sittlich-religiösen Entwicklung, Produkt der Sittlichkeit bezw. der Religion sei. Alle Missionsarbeit bestätigt es, daß Paulus die Heiden richtiger beurteilt, wenn er ihnen trotz des Sündenregisters Röm 1 das Gewissen zuschreibt. Man muß nur festhalten, was auch im Begriff des Gewissens liegt, daß es jenes Selbstbewußtsein des Menschen ist, in welchem er sich genötigt sieht, als Zeuge wider sich selbst aufzutreten, so daß die erste und unmittelbare Erscheinung desselben die des Schuldbewußtseins, des Bewußtseins der Schuld- und Gerichtsverhaftung ist. Jeder / gläubig gewordene Heide bezeugt es ebenso, wie der Zorn der anderen, daß das Evangelium nur nötigt, sich endlich zu bezeugen, was man längst schon wußte, aber sich nicht bezeugen wollte. Es ist nicht die Abneigung gegen „das neue Lebensideal“, sondern genau dieselbe Abneigung, die wir in der Abneigung der Synagoge gegen jene Selbstbezeugung der Schuld- und Gerichtsverhaftung finden, der Paulus Röm 7 erst Ausdruck zu verleihen wagte, als ihm das Evangelium zur Rettung geworden war (vergl. S. 51f).

So kann man sagen, daß unter allen Eigenschaften Gottes die der Allwissenheit am allgemeinsten erkannt und anerkannt wird. Was aber der christliche Glaube von ihr zu sagen hat, ist etwas Besonderes. Für ihn ist die Allwissenheit ebenso wie die übrigen Eigenschaften eine in der erlösenden Selbstbeziehung Gottes auf die Welt wirksam sich bethätigende Eigenschaft. Sie ist *die Bestimmtheit seines der Welt geltenden Willens und Wirkens oder seiner Bethätigung für die Welt und an der Welt, wie sie sich in der Offenbarung erschließt, durch sein Wissen um alles was ist und geschieht,* und zwar nicht so, daß erst die Kreatur das Wissen Gottes bewirkt und so in gewissem Maße Gott von sich abhängig macht, sondern so, daß *mit dem der Kreatur geltenden, ihr und ihrem Verhalten vorausliegenden Willen Gottes auch das Wissen um sie gesetzt ist, also ihr vorausgeht.* Letzteres ist mit der Erkenntnis gegeben, daß Gottes Wesen Liebe ist, in der er, was er ist, für eine Welt sein will, die nur durch ihn ihr Dasein haben kann, so daß sein ihr geltender Wille ihr vorausliegt. Dem Glauben aber ist diese Bestimmtheit des Wissens Gottes um uns mit der Thatsache der Erwählung als einer Erwählung „vor Grundlegung der Welt" oder einer ewigen Erwählung gewiß, zu der Gott nicht bestimmt worden ist durch uns, sei's durch unser Dasein oder durch unser Verhalten zu irgend einer Zeit, sondern die erst unser Dasein und unser Verhalten bewirkt. So muß der Glaube als Objekt des Wissens Gottes nicht bloß die gegenwärtige bezw. gewesene Wirklichkeit des Weltlebens und Weltzusammenhanges (Matth 10,30; 6,6; 1Joh 3,20; Jes 29,15; 40,26: Ps 139, 1ff; Hebr 4,13) ansehen, sondern das Wissen Gottes ist ein Vorauswissen (Matth 6,8; Act 1,24; Ps 139,2.16), und darin liegt seine eigent-/liche Bedeutung für den Glauben. Die Definition, die Allwissenheit sei die Vollkommenheit des göttlichen Wissens um die Welt, ist ungenügend, weil sie die Allwissenheit nicht als wirksame, sich bethätigende Eigenschaft faßt und darum auch nicht ihre Eigenart als Vorauswissen zum Ausdruck bringt.

Das Vorauswissen ist nicht *eine* besondere Art von göttlichem Wissen um die Welt, sondern *die* besondere Art derselben, gerade weil sein Wissen um die Welt ein sich bethätigendes Wissen ist und die Bethätigung sich gründet in seinem uns geltenden Willen. Darum gilt auch hier, daß das göttliche Wissen zu der Erhabenheit Gottes über das Gesetz der Folgerichtigkeit gehört, an welches alles kreatürliche Wissen gebunden ist, das sich auf Beobachtung, Schlußfolgerung, Berechnung u.s.w. aufbaut und dessen vollendetste Erscheinung die Wissenschaft ist. Nicht bloß in der Weissagung bethätigt sich das göttliche Wissen um die Welt als Vorauswissen, sondern in seinem Gesamtverhalten als Ausführung seines der Welt geltenden Willens. Die Weissagung ist nur eine besondere Wirkung, und zwar nicht des Wissens abgesehen von dem Willen Gottes, sondern des durch den Willen Gottes bestimmten Wissens, und hat als Weissagung des zukünftigen Heils ihren Grund nur in dem für die Zukunft im Zusammenhange seines Wissens sich bestimmenden Willen. Im Zusammenhange seines der Welt geltenden Willens weiß Gott um alles Einzelne, weiß es im voraus und kann deshalb z.B. den Propheten Jeremia in den Stand setzen, dem falschen Propheten Chananja den Tod zu verkündigen, dessen Zusammenhang mit dem der Welt geltenden Willen Gottes in dem Verhalten und Verhältnis Chananjas zu der Wirksamkeit des gottgesandten Propheten Jeremia beruht. Gerade dadurch, daß das göttliche Wissen Vorauswissen ist und sich auf alles erstreckt, was ist und geschieht, ist es der Halt aller, die nicht bloß bedürfen zu wissen, daß auch der Tropfen am Eimer und das Stäublein in der Wage nicht vergessen ist, sondern die „in das Heiligtum Gottes gehen und auf das Ende sehen" müssen, um nicht zu verzagen. Nie kann die Sünde, nie kann irgend eine Kreatur Gottes Rat und Willen zu nichte machen, denn nie kann sie sich seinem Auge und darum seiner Macht entziehen. Das ist der Halt des Glaubens, wenn es lange währt, bis das Ende kommt. Hier liegt auch der Zusammenhang der Allwissenheit mit der Weisheit Gottes, nicht als wenn sie ein Ausfluß oder eine / Wirkung der letzteren wäre, sondern nur darum sieht Gott dem allen zu, was ist und geschieht, weil er „die Wege weiß in tiefen Wassern".

Gerade dadurch nun, daß die göttliche Allwissenheit durchaus Vorauswissen ist, entsteht erst recht, wie es scheint, das Problem in betreff ihrer Vereinbarkeit mit der menschlichen Freiheit. Denn nun ist es schlechterdings unmöglich, sich bei dem ohnehin falschen Satze zu beruhigen: *magna Dii curant, parva negligunt*, oder wie andere es ausdrücken, Gott wisse im voraus nur die von ihm selbst im voraus gesetzten großen Konturen der Geschichte, während alles dazwischen Liegende ihm erst geschöpflich geredet *ex post* kund werde. Ebensowenig aber löst sich das Problem durch Verweisung auf die Erhabenheit Gottes über die Zeitform des inweltlichen Seins und Geschehens. Denn abgesehen davon, daß mit der Unterscheidung des göttlichen Wissens als einer *scientia simultanea* im Unterschiede von unsrer *scientia successiva* nur die eine Zeitform durch eine andere oder durch die Vorstellung des Raumes ersetzt wird, so wird damit weder die Thatsache, daß Gottes Wissen doch ein Wissen um die Aufeinanderfolge des Geschehens ist, an die wir gebunden sind, noch auch die Thatsache aufgehoben, daß das göttliche Wissen über dem inweltlichen Geschehen liegt. Der Anschein einer necessitierenden Bedeutung des göttlichen Wissens liegt nicht bloß in der Vorordnung, sondern noch kräftiger in der Überordnung desselben. Denn indem das inweltliche Geschehen und damit alles menschliche Handeln unterhalb des göttlichen Wissens liegt, ist die Annahme einer Unausbleiblichkeit und darum Notwendigkeit alles Geschehens, wie es scheint, unabweisbar.[13] Die Berufung auf den Unterschied zwischen Notwendigem und Gewissem, so daß die Gewißheit des Geschehens nicht seine Notwendigkeit einschließe, befreit uns ebenfalls nicht von dem Drucke des Problems. Die Verweisung auf diesen Unterschied zeigt nur an, was zu beweisen steht, liefert aber nicht den Beweis. Gerade die Gewißheit des göttlichen Vorauswissens ist es, welche die Unabänderlichkeit und daher Notwendigkeit des Vorausgewußten, also dessen, was gewiß ist, zu ergeben scheint, zumal die Gewißheit des göttlichen Wissens nicht wie unsere Gewißheit um noch nicht / Geschehenes auf dem Zusammenhange desselben mit seinen uns deutlichen Voraussetzungen, also auf dem irgendwie erkennbaren Zusammenhange von Ursache und Wirkung, von Voraussetzung und Folge beruht, sondern auf der unmittelbaren Selbstbeziehung Gottes zu dem, was ist und geschieht. Gott weiß voraus, was geschieht und weiß es in dem Zusammenhange, in dem es steht, aber nicht durch diesen Zusammenhang, sondern durch seine Überordnung, seine Erhabenheit über denselben. Dies ist es, wodurch der Anschein einer Aufhebung unserer Freiheit durch das göttliche Vorauswissen entsteht. Die Frage ist, ob wir genötigt sind zu dem Satze: was Gott weiß, das muß geschehen?

Gerade dieser Satz zeigt aber, daß, wenn durch das göttliche Vorauswissen unsre Freiheit aufgehoben wäre, es auch um die göttliche Freiheit geschehen wäre. Denn dann muß sich Gott gefallen lassen, was er weiß, wenn man nicht zu dem Satze fortschreiten will, daß Gott auch alles will, was er weiß, also auch – die Sünde, gegen die doch seine gesamte Selbstbethätigung in seiner Offenbarung gerichtet ist.

---

[13] Vergl. die klassische Darstellung der Geschichte des Problems bei Jul. Müller, die christl. Lehre von der Sünde, III, 2,2. Auch Petavius, de theologicis dogmatibus I, IV, 4-7.

Dann aber hört noch völliger die Freiheit seiner Selbstbethätigung auf. Ist die Sünde notwendig, weil er sie will, so ist auch seine durch die Sünde veranlaßte Offenbarung notwendig, und damit ergiebt sich dann für alles, was ist und geschieht, ein System des Determinismus, in welchem für einen lebendigen Gott ebensowenig Raum ist, wie für den Personwillen und die Verantwortlichkeit des Menschen. Mit der Freiheit Gottes steht und fällt unsre Freiheit, und so unbequem es sein mag, die Wirklichkeit unserer Freiheit nur um den Preis der Anerkennung unserer Sünde behaupten zu können, – nur um den Preis dieser Anerkennung und damit der Anerkennung unsrer Verantwortlichkeit behaupten wir unsern Adel. Unsere Sünde ist nicht der Wille Gottes und darum nicht Wirkung Gottes, nur unser Glaube ist Wille Gottes und darum auch Wirkung Gottes, darum aber auch unsre Sünde um so größer, wenn wir ihn versagen.

Damit freilich stehen wir vor einem neuen Problem. Wir erleben unsre eigene Sünde, unsre That, die wir als Gegenteil des Willens Gottes erkennen und anerkennen müssen, doch zugleich als Ergebnis eines Zwanges, der auf uns lastet. Wir können ihr uns nicht entziehen, – wie sollen wir das erklären? Wird nicht dadurch doch das eben gewonnene Ergebnis, daß unsre Freiheit durch die göttliche Allwissenheit nicht geschädigt wird, wieder auf-/ gehoben? Auf der einen Seite erleben wir, daß Gott sich selbst uns darbietet zur Erlösung, daß er selbst den Glauben wirkt, den er fordert, und daß wir in der Macht der Sünde verbleiben, wenn wir den Glauben versagen, und dies überführt uns, daß er die Sünde nicht will, daß sie also nicht das Produkt einer von ihm ausgehenden Nötigung sein kann. Auf der andern Seite steht die Erfahrung: „der ich will das Gute thun, finde ich, daß mir das Böse anhangt.“ Natur- und Geschichtszusammenhang nötigen es uns auf, – das scheint der Preis zu sein, um den wir Geschichte mitleben dürfen. Wenn wir uns nun haben sagen müssen, daß alles, was ist und geschieht, nur dadurch sein und geschehen kann, daß Gott sich wirksam zum Weltzusammenhange verhält, ist dann nicht doch die Notwendigkeit der Sünde von ihm geordnet? Das ist es ja, was Luther in seiner Schrift *de servo arbitrio* betont. Hat Luther unrecht? Die Antwort, die wir zu geben haben, kann nur dahin lauten, daß allerdings zwar nicht die Sünde, aber der Zwang, den wir erleben, Gottes Wille und Ordnung ist. Er will die Sünde nicht, das steht fest durch die Verpflichtung zum Glauben, die wir von seiner Offenbarung her in seinem Handeln an uns erleben. Nicht daß sie in der Welt ist, beruht auf seinem Willen, sondern wie sie in der Welt ist. Sie würde nicht in ihr herrschen, – Gott würde nicht Geduld mit ihr haben, wenn er uns nicht erlösen wollte. Daß sie so sehr in der Welt ist, wie wir sie erleben, als eine uns unter sich zwingende Macht, das gehört zu den von seiner Weisheit geordneten Wegen: wir sollen sie erleiden, damit wir sie leid werden, – man denke an Pauli Wort vom Gesetz Gottes, daß es „zwischeneingekommen sei, damit die Sünde mächtiger würde" und „alle Welt Gott schuldig werde" (Röm 5,20; 3,19.20). Er weiß um die Sünde, bevor sie ist und geschieht; er wirkt dem nicht entgegen, daß sie geschieht, er erhält sogar den Weltzusammenhang in Natur und Geschichte, in welchem sie uns unter sich zwingt, weil er die Welt nicht aufgeben, sondern erlösen will, aber nun stellt er uns auch durch seine Offenbarung vor die Entscheidung, ob wir in der Sünde verbleiben, Sünde zur Sünde fügen wollen oder nicht, und läßt uns so erleben, daß sein Wille und sein Werk unsre Freiheit, unsre Sünde aber ganz unser eigenes Werk ist und sein soll.

So ergiebt sich auch von hier aus, daß jeder Anschein einer Vernichtung unsrer Freiheit durch das Vorauswissen Gottes nur / Schein, nicht Wirklichkeit ist. Es giebt nur eine von Gott ausgehende Vernichtung der Freiheit, – wenn Gottes Gericht sich wider diejenigen kehrt, die „nicht gewollt haben", als sie wollen konnten und sollten. Die Frage nach dem Verhältnis unserer Freiheit zum göttlichen Vorauswissen spitzt sich also zu zu der Frage nach *der* freien That, auf die alles ankommt, nach dem Glauben, den Gott fordert und giebt. Alles, was vor dem Glauben liegt, ist nicht in dem Maße freies Verhalten, wie der Glaube. Wird der Glaube uns dargeboten, so stehen wir erst vor der entscheidenden That. Hier erst ist denn auch die That uns möglich, die allein ganz unsre That ist, – nicht der Glaube, sondern der Unglaube ist lediglich unsere That, ist deshalb die entscheidende Sünde, in der uns alle andern Sünden „behalten werden" (Joh 20,23). Ist nicht einmal der Glaube, obgleich Gott ihn wirkt, necessitiert durch ihn, wieviel weniger der Unglaube. Steht uns das erst fest, so wissen wir auch, daß der Schein der Vernichtung unsrer Freiheit durch das göttliche Vorauswissen nur Schein ist und zu den Versuchungen gehört, mit denen der Glaube zu kämpfen hat und die nur durch den Glauben überwunden werden können. Wer aber erst die Versuchung überwunden hat, welche in der Thatsache des Zwanges liegt, den die Sünde und die Herrschaft der Sünde in der Welt, in der Geschichte über uns ausübt, für den ist diese lediglich im Gebiet des Gedankens liegende Versuchung leicht zu überwinden.

Was unsre Freiheit schädigt oder aufhebt, was uns jetzt schon unter dem Mangel der Freiheit leiden macht, ist etwas ganz anderes als die Allwissenheit Gottes. Weil sie es nicht thut, so ergiebt sich auch, daß sie sich nicht bloß erstreckt auf das, was durch unser Verhalten wirklich wird, sondern auch auf die Folgen eines von uns etwa einzuschlagenden anderen Verhaltens, wie dies nicht bloß die alttestamentlichen Stücke 1Sam 23,10-13; Jer 38,7-20; Ez 3,6 aussprechen, sondern auch Jesus selbst bezeugt; denn was er von der Buße Tyrus und Sidons, Sodoms und Gomorrhas sagt Matth 12,20 ff, ist ihm ebenso ernst, wie das Urteil über die Sünde Kapernaums, Chorazins und Bethsaidas. Anlaß und Zweck seiner Rede gestatten keinen Ausdruck, der nicht Wahrheit ist, der nur dem rhetorischen Bedürfnis dient. Ist es nicht Wahrheit, was Jesus von den Städten sagt, über die Gottes Gerichte ergangen, so brauchen die Städte, über die er schilt, sich seinem Urteil nicht zu beugen.

4. Die Ewigkeit und Unveränderlichkeit Gottes

Heiligkeit, Gerechtigkeit, Weisheit, Allmacht, Allgegenwart, Allwissenheit, das sind die Eigenschaften dessen, der in seiner Offenbarung sich wunderbar bethätigt zu unserer Erlösung, des Vaters unseres Herrn Jesu Christi, der allein Gott ist. So, wie wir es in diesen Eigenschaften erkennen, so ist er Gott, so verpflichtet er uns zum Glauben, so wirkt er in uns den Glauben und erhält ihn, so bietet er uns die Erlösung dar als Lösung des eigentlichen Welträtsels, des Rätsels der Geschichte, das jeder in seiner eigenen Person und Geschichte mit sich herumträgt, wenn er auch lange wie Parzival nicht einmal die Frage zu stellen weiß, auf die er Antwort haben muß. Durch die Bethätigung dieser Eigenschaften in dem und durch den, den er zur Ausführung seines Ratschlusses gesendet, durch Jesum den Christ, rettet er unser Leben vom Verderben, und so erst erleben wir, daß wir unser Leben nicht zwecklos haben, daß eine Welt, die an sich selbst nur zu Grunde gehen kann, doch nicht zwecklos besteht, sondern um zu erleben, daß

Gott die Liebe ist, oder daß wir dazu da sind, daß Gott alles, was er ist, für uns und in seiner Gemeinschaft mit uns sei, „auf daß unsere Gemeinschaft sei eine Gemeinschaft mit dem Vater und mit seinem Sohne Jesu Christo" durch den heiligen Geist (1Joh 1,3). In dieser Gemeinschaft ist unser Leben vom Verderben errettet, indem er es an sich gebunden und sich mit uns verbunden hat. Dadurch ist unser Leben wie das des Mittlers, wie Gottes Leben selbst ein „unauflösliches Leben" (Hebr 7,16), nicht bloß gerettet von dem Gesetz der Sünde und des Todes, sondern mit unserm Gott erhaben über das Gesetz des Werdens und Vergehens, – es ist zum ewigen Leben geworden. Die Bedingtheit ist geblieben; es ist und bleibt abhängig, bedingt durch Gott, durch seine Liebe, aber diese Bedingtheit ist nur noch in seinem Gewordensein und seinem Bleiben wirksam, das Vergehen ist ausgeschlossen durch die Liebesgemeinschaft Gottes mit uns, dadurch, daß wir „der Zweck Gottes" sind. So giebt sich uns als abschließende Eigenschaft Gottes seine Ewigkeit in der Bewirkung unseres ewigen Lebens zu erfahren, und so erkennen wir erst, was Ewigkeit Gottes ist.

Überall, wo Gott gesucht wird, auch im Heidentum, ist der Gedanke einer Ewigkeit der Gottheit vorhanden. Er ist von dem / Gottesgedanken, dem Gedanken der der Welt übergeordneten Macht (vgl. Röm 1,19.23) nicht zu trennen. Deshalb ist z.B. bei den Griechen Unsterblichkeit das Prädikat der Götter im Unterschiede von den „Sterblichen", den Menschen. Aber diese Unsterblichkeit ist doch nicht von ferne schlechthinige Erhabenheit über den Tod.[1] In der germanischen Mythologie verfallen auch die Asen dem Untergange der Welt; wenn auch die Ahnung eines „jenseits der Götterdämmerung" sich ausspricht, so sind sie es doch nicht, welche das Erstehen einer neuen Welt und ihr eigenes Wiedererstehen herbeiführen. Man sucht die Gottheit, um sich durch sie zu retten, – das ist im Grunde die ganze Ahnung von Ewigkeit, die man im Heidentum hat, und kann auch wohl keine andere haben, wenn man nicht zum Nirwana der Inder seine Zuflucht nehmen will, denn der Gedanke einer unendlichen Dauer, – die einzige Vorstellung, mit der man rechnen könnte, ist doch schließlich unerträglich.

---

[1] Vgl. *Nägelsbach*, homer. Theologie, 3. Aufl., bearb. von Autenrieth, 1,26ff, nachhomer. Theologie, 1,6ff.

Die Ewigkeit Gottes, die sich uns in seiner Offenbarung erschließt, ist etwas anderes. Zunächst ist auch sie eine sich bethätigende wirksame Eigenschaft Gottes. Sie ist diejenige Erhabenheit Gottes über das Gesetz des geschöpflichen Seins, welche sich bethätigt in der Erhebung unseres Lebens über das Gesetz des Werdens und Vergehens, oder die Bethätigung seiner Erhabenheit über das Gesetz des Werdens und Vergehens an uns und unserm Leben, indem er uns zu Mitgenossen seines Lebens macht, sich mit uns und uns mit sich verbindet. Das Gesetz des Werdens und Vergehens, unsere Gebundenheit an die Zeitform des geschöpflichen Seins hindert ihn nicht, alles, was er ist, für uns zu sein, sich mit uns zu verbinden und so unser Leben mit einem Inhalt zu füllen, der diesem Gesetz nicht unterworfen ist. Dadurch wird uns erst der Zweck unseres Daseins und überhaupt der Zweck einer geschaffenen Welt verständlich. Die Schöpfung Gottes ist nicht bestimmt zum Vergehen, sondern zum Bleiben, weil sie bestimmt ist, Objekt der Liebe Gottes in seiner Selbstbeziehung zu uns zu sein. Die uns bedrückende Wirklichkeit des Weltzusammenhanges läßt freilich diese Bestimmung nicht begreifen. Die Offenbarung Gottes aber giebt uns zu erkennen, daß zwar / nicht Entwicklung, aber auch nicht Vernichtung, sondern Verwandlung der Welt das Ziel der Wege seiner Liebe ist, – eine Verwandlung, in der freilich das, was im Geschichtszusammenhange aus der Welt geworden und von uns aus ihr gemacht ist, zu Grunde gehen muß und wird.

Daß diese Ewigkeit Gottes der Schrecken unseres Gewissens ist, solange wir den ganzen Inhalt und Zweck seiner Offenbarung noch nicht ergriffen haben, ist ebenso begreiflich, wie die gleiche Wirkung der übrigen Eigenschaften Gottes, wird aber erst zum schuldig machenden Irrtum, zur „Sünde des Schuldbewußtseins“, wenn man dabei beharrt und den ablehnt, der in Gericht und Gnade uns zugleich seine Ewigkeit und all seine Eigenschaften, seinen Willen und seine Macht zum Bewußtsein bringen will, damit wir an ihn glauben.

Ist das oben Gesagte die Bedeutung der Ewigkeit Gottes, ist ihre Erkenntnis der krönende Abschluß unserer Erkenntnis der Eigenschaften Gottes, so begreifen wir, daß sie in dem Lobpreis und der Anbetung der Gemeinde fast ebenso unabweisbar erscheint, wie die Macht Gottes, vgl. Röm 11,36; 16,26.27; 2Kor 11,31; Eph 3,21; Phil 4,20; 1Tim 1,17; 6,15; 2Tim 4,18; Hebr 9,14; 13,21; 1Petr 4,11; 5,11; Apok. 1,4.8; Jes 41,4; 43,10; 48,12; Ps 90,2. Die Gewißheit der Ewigkeit ist für den

Glauben Gewißheit der Geborgenheit in Gott, und die endliche Erfahrung der machtvoll rettenden Gerechtigkeit Gottes legt deshalb der Gemeinde den Lobpreis seiner Macht und Ewigkeit in den Mund; dies umsomehr, als alle Bethätigung Gottes für uns und an uns der Ausdruck und die Ausführung eines im Wesen Gottes beschlossenen, nicht erst entstandenen, sondern über der Geschichte erhabenen, vor der Welt liegenden Willens Gottes ist, Ausdruck einer vor der Welt und ihrer Zeit liegenden Selbstbestimmung Gottes für die Welt und darum Bestimmung der Welt bezw. seiner Gemeinde für ihn. Es ist dem Glauben unmöglich, den uns geltenden Willen Gottes anders wie als einen ewigen zu denken, so daß sich dadurch Aussagen wie Röm 16,25; Eph 3,19ff; 2Tim 1,9; Tit 1,2; Eph 1,4; Matth 13,35; 25,34; 1Petr 1,20 legitimieren und nicht als Theologumena der neutestamentlichen Schriftsteller angesehen werden können. Diese Ewigkeit Gottes verbürgt die Zukunft und ist die Zuflucht des Betenden (Ps / 90,2; Röm 11,36). Sie ist, wie alle Eigenschaften Gottes, ein Glaubensartikel, aber dem Glauben ebenso gewiß, wie er selbst. Denn der Glaube entsteht nur durch die Wahrheit, durch die Wirklichkeit seines Objekts, und *hat* die Wahrheit.

Die Schwierigkeit, die Ewigkeit vorstellig zu machen, hindert die Gewißheit des Glaubens nicht; im Gegenteil rechnet der Glaube gerade damit, daß sie etwas ganz anderes ist, als die Daseinsform, an die wir im gegenwärtigen Weltzusammenhange gebunden sind, ehe erschienen ist, was wir sein werden. Dennoch müssen wir versuchen, uns klar zu machen, was sie ist. Indem Anfang und Ende, Gewordensein, Werden und Vergehen von Gott ausgeschlossen ist, ist er damit auch, wie dies schon in seiner Erhabenheit über das Gesetz unseres Daseins liegt, über das Wesen der Zeit, über die Aufeinanderfolge von Momenten erhaben. Nicht in ihm, sondern nur vor ihm giebt es Zeit. Darum ist er Herr über die Zeit, und tausend Jahre sind vor ihm wie ein Tag und ein Tag wie tausend Jahre. Deshalb darf die Ewigkeit nicht vorgestellt werden als *aeternitas successiva* oder *sempiternitas,* also als unendliche Aufeinanderfolge von Momenten, – ein Unbegriff, da eine unendliche Folge lauter Endlichkeiten ein Widerspruch in sich ist, – sondern höchstens mit Augustin als *aeternitas simultanea,* obschon auch dieser Begriff nur eine Vertauschung entweder der einen Zeitvorstellung mit der andern oder der Zeitvorstellung mit der des Raumes enthält. Es bietet sich uns aber ein anderer Weg dar, sowohl um zu dem eigentlichen Begriff der Ewigkeit zu gelangen, als auch zu erkennen, daß es sogar in unserm eigenen Leben etwas giebt, woran wir etwas von dem, was Ewigkeit ist, inne werden.

Indem die Ewigkeit Gottes das Gewordensein und Werden und damit Vergangenheit und Zukunft von ihm ausschließt, ergiebt sie sich als die Realität des Begriffs der Gegenwart. Für uns ist Gegenwart nur der mit seinem Eintritt zugleich verschwindende, sofort also nicht vorhandene mathematische Punkt des Durchganges der Zukunft in die Vergangenheit. In dem Verlauf unseres Daseins giebt es somit keine greifbare Gegenwart. Nur an einem Punkte, nicht unseres Daseins, sondern unseres Personseins giebt es Gegenwart und lernen wir kennen, was Gegenwart ist: in unserm Gewissen, und zwar in unserm bösen Gewissen. Wir sind uns in demselben unser so bewußt, daß wir von unserer Sünde / sagen müssen, nicht: ich war es, sondern: ich bin es, der dies gethan hat. Die Vergangenheit der That und die bleibende Selbigkeit der Person schließen sich so zusammen, daß auch die That nicht vergangen ist. In unserm Gewissen bleiben wir uns selbst nicht bloß vorstellungsmäßig, sondern wirklich gegenwärtig und – auch unsere Zukunft ist in ihr schon unsere Gegenwart. Im Gewissen ist Vergangenheit nicht vergangen und Zukunft nicht zukünftig. So wissen wir, was Gegenwart ist, die nie Vergangenheit werden will, und in der schon die Zukunft von uns gelebt und empfunden wird. Durch die Vergebung der Sünden, also im gläubigen Haben der Erlösungsliebe Gottes schwindet die Vergangenheit; was aber von der Gegenwart unaufhaltsam in die Vergangenheit eingeht, – eins wird nicht zur Vergangenheit, das gerettete Leben, in welchem die Zukunft, auf die wir warten, doch zugleich schon Gegenwart ist. Wie wir in unserm bösen Gewissen wissen, was ewiger Tod ist, weil er in uns ist, so in unserm durch die Vergebung befreiten Gewissen, was ewiges Leben ist, weil es in uns ist, und so gewinnen wir, wenn auch nur ein Fernbild von der Ewigkeit Gottes als demjenigen Sein, welches dem Personleben vollkommen entsprechend ist, ein Sein, zu welchem auch wir geschaffen und erlöst sind, ein unvergängliches seliges Sein in der Vollkraft des Lebens, in ewiger Jugend, 2Kor 4,16ff.

So gehört die Ewigkeit zu den Eigenschaften Gottes, in denen er sein Wesen für uns bethätigt. Sie ist somit kein bloßer Formalbegriff zur Bezeichnung seiner Seinsweise im Unterschiede von der Zeitform des geschöpflichen Seins, sondern schließt mit der Unmöglichkeit, jemals gewesen zu sein, zugleich seine Unveränderlichkeit ein. Denn alles das, was wir bisher von ihm erkannt haben, bethätigt er in seiner Ewigkeit so, daß es trotz des Gegensatzes unserer Sünde zu seinem Willen dabei verbleiben soll. In wunderbarer Erhabenheit über das Gesetz der Folgerichtigkeit und doch ohne dasselbe zu verneinen, hält er aufrecht, was er ist und sein will, und beweist somit dem Gegensatze gegenüber, dem er bei uns begegnet, daß nichts imstande ist, ihn und seinen Willen zu ändern (vgl. Röm 16,26; Mal 3,6; Num 23,19; Ps 102,27.28). Der Triumph der Sünde bezw. der sündigen Kreatur über ihn ist schlechthin ausgeschlossen. Daß die Sünde seinen Gegen-/satz hervorruft und dadurch seine Bethätigung für uns eine besondere Gestalt erhält, indem sein Schöpfungswille zum Erlösungswillen wird, bewirkt nicht eine Veränderung seines Wesens oder auch nur seiner Weltstellung, sondern ergiebt nur, daß er sich selbst gleich bleibt in seiner Liebe und daß er für uns derselbe bleibt in eben dieser Liebe. Die Mannigfaltigkeit des Handeln der Liebe ist damit nicht ausgeschlossen, sondern bestätigt nur die Beständigkeit derselben in der Fülle ihrer Bethätigungen. Wir haben früher gesehen, daß in der Freiheit des Menschen keine Beschränkung für Gott liegt, sondern daß sie vielmehr dazu dient, die Macht und Freiheit Gottes nur noch herrlicher zur Erscheinung zu bringen. Damit ist schon die Unveränderlichkeit Gottes gegeben, welche sich dem Mißbrauch der Freiheit gegenüber freilich anders bethätigen müßte, wenn sie an das Gesetz der Folgerichtigkeit gebunden wäre. Aber als die Unveränderlichkeit seiner Liebe ist sie imstande, sich anders zu bethätigen, ohne sich selbst zu ändern. Auch seine Offenbarung in Christus, ja gerade diese, hat keinen andern Zweck und keinen andern Erfolg, als zu bethätigen und zu bestätigen, daß Gott alles, was er ist, nur für uns und in Verbindung mit uns sein will. Die Erscheinung dieses seines ewigen Verhältnisses zu uns ist eine besondere geworden durch die Aufgabe der Gegenwirkung gegen Sünde und Tod, welche die Liebe sich gestellt. Der Inhalt ist derselbe, das Subjekt dasselbe, seine Eigenschaften dieselben, – nur ihre Erscheinungsweise eine durch die Aufgabe besonders gestaltete, so daß sie anders sein würde, wenn die Sünde nicht wäre. Es ist Aufgabe der Christologie, zu zeigen, wie die Unveränderlichkeit Gottes und damit all seine Eigenschaften in Christo zur Erscheinung kommen, und zwar zu einer Erscheinung, die ebenso wunderbar ist, wie die Thatsache, daß Gott seinen Liebeswillen trotz unserer Sünde aufrecht erhält. Eins ist so wunderbar wie das andere, nur zu erkennen aus der Wirklichkeit, in der es erscheint. Die Unveränderlichkeit Gottes, welche man lediglich aus dem Gottes*begriff* gewinnt, ist eine ganz andere, als die Gott in seiner Offenbarung bethätigt und durch die er uns zum Glauben verpflichtet und verhilft.

Daß Gott in seiner Offenbarung sich als der ewige und unveränderliche bethätigt, ist für die Frage nach der Wahrheit der durch die Offenbarung bewirkten Gotteserkenntnis von besonderer / Bedeutung. Denn nun ergiebt sich, daß der Gott, dessen Offenbarung zugleich seiner Selbstbehauptung gegenüber der Sünde dient, nichts anderes und nicht anders ist, als wie er sich bethätigt. Die Eigenschaften, die wir in seiner Offenbarung erkennen, sind die Eigenschaften seines Wesens, allerdings seines Wesens in seinem Verhältnis zu uns, aber in einem Verhältnis, in welchem er alles, was er ist, für uns sein will. Eben weil er alles, was er ist, für uns sein will, ist es auch nicht nur etwas von ihm, was wir erkennen können und sollen. Er kann jenseits dieses Verhältnisses zu uns und über demselben kein anderer sein, als in demselben; was für uns noch über unsere gegenwärtige Erkenntnis hinausliegt, hängt mit dem zusammen, was wir uns mehrfach über die Bedeutung der Mission und die Bethätigung der Weltgegenwart Gottes vorstellen. Der Unterschied zwischen unserer gegenwärtigen und zukünftigen Erkenntnis beruht darin, daß noch die Zeit der Heilsdarbietung währt und die Heilsvollendung erst eintritt mit dem abschließenden Gericht der rettenden Gerechtigkeit Gottes. Es kann hier nur wiederholt werden, was wir uns in den einleitenden Untersuchungen sagten: wie es kommt, daß Gott ist, das geht ebenso wie anderes, was auf dem Gebiete der Welterkenntnis wahrgenommen wird, über unsere Erkenntnisfähigkeit hinaus. Aber was er ist und wie er ist, seine Wirklichkeit giebt er uns zu erkennen, und dasjenige Verhalten, durch welches wir ihn erkennen, ist der Glaube, zu dem er uns verpflichtet und den er in uns wirkt. Was wir aber im Glauben erkennen, das ist die Wahrheit, und es ist nicht wohlgethan, immer nur die Begrenztheit und Beschränktheit statt der Wahrheit und des Reichtums unserer Erkenntnis zu betonen. Freilich wie von Glauben zu Glauben, so geht es auch von Erkenntnis zu Erkenntnis, und darum ist ein Unterschied zwischen unserer diesseitigen und jenseitigen Erkenntnis nach dem Wort Pauli 1Kor 13,12. Wir werden dann manche beschämende Korrektur erfahren, aber was wir wirklich im Glauben und durch den Glauben erkannt haben, das wird vollauf und überschwenglich bestätigt werden.

V.
Die Einheit der göttlichen Eigenschaften oder die Herrlichkeit Gottes

In jeder Eigenschaft bethätigt sich das ganze ungeteilte Wesen Gottes, in jeder sind alle anderen mitgesetzt und mitwirksam. Sie bezeichnen nicht verschiedene Bethätigungen Gottes, die einander ablösen oder nebeneinander hergehen. Während man sonst von der Notwendigkeit eines Ausgleichs gewisser Eigenschaften miteinander, wie der Gnade und Barmherzigkeit mit der Gerechtigkeit, oder von dem zeitweiligen Ruhen der Gerechtigkeit in der Geduld Gottes, oder von einer Selbstbeschränkung Gottes unter Verzichtleistung auf die uneingeschränkte Ausübung seiner Macht, von einer zeitweiligen Zurückhaltung seines Gegensatzes gegen die Sünde redete, hat sich uns ergeben, daß nicht bloß von einer solchen Zurückhaltung oder Selbstbeschränkung nicht die Rede sein kann, sondern daß noch weniger ein Ausgleich verschiedener Eigenschaften erforderlich ist. Wie die Geduld eine Bethätigung seiner Weisheit ist, so ist die Gnade eine Ausübung seiner Gerechtigkeit. Der in allen Eigenschaften sich bethätigende Wille ist der der Gegenwirkung gegen die Sünde zum Zwecke seiner Liebe, und der Grundzug aller Eigenschaften ist die Selbstbethätigung Gottes in der Einheit von Gericht und Gnade zum Zweck der Erlösung. So ergiebt sich die Einheit seiner Eigenschaften, in welcher die Erscheinung seines Verhältnisses zu uns oder die Erscheinung seines Wesens in seinem Verhalten zu uns sind. Für diese Einheit hat die Religion den Begriff der Herrlichkeit Gottes geprägt, כָּבוֹד oder δόξα, nach Exod 33,18f „alles Gute Jhvhs". Sie ist es, die über Israel aufgehen soll und aufgeht in der Erfüllung der Verheißung Jes 40,5; 46,13; 60,1, die sich in Christo zu er-/kennen giebt, 2Kor 4,6; Hebr 1,3, und zwar nicht etwa nur in dem, was ihm von Gott her widerfährt, Röm 6,4, sondern in dem, was Christus für uns ist.

Die Eigenschaften Gottes sind nicht ein nach Analogie einer Naturkraft von selbst mit innerer Notwendigkeit oder in einfacher Folgerichtigkeit sich auswirkendes Gesetz seines Wesens, sondern sie sind die Erscheinung seines in Freiheit sich bethätigenden Willens, seiner Erhabenheit über das Gesetz der Folgerichtigkeit. Sein Handeln ist folgerichtig, aber es begiebt sich nicht nach einem Gesetz der Folgerichtigkeit. In dieser seiner Erhabenheit über das Gesetz der Folgerichtigkeit bethätigt er sich wider das in unserer Geschichte wirksame Gesetz der Sünde und des Todes zum Zwecke der Verwirklichung seiner Liebesgemeinschaft mit uns. Seine Weisheit ist es, die für diesen Zweck die Wege findet, indem er die Welt zunächst erhält und trägt durch die Allmacht seiner Liebe, damit sie das Gesetz der Sünde und des Todes erleide und so bereit werde, seine Selbstdarbietung zur Erlösung im Glauben anzunehmen und die Erlösung zu erleben. Die Wege aber, die er wählt, um sich uns darzubieten, sind die Wege erwählender Liebe, auf denen die ganze Größe, Macht und Freiheit seiner Liebe dadurch zur Erscheinung kommt, daß gerade hier und erst hier die ganze Macht des Widerstrebens der Sünde gegen ihn sich bethätigen kann und bethätigt. So geschieht es, daß die Selbstbethätigung Gottes zu unserer Erlösung eine Geschichte hat, welche beginnt mit der Erhaltung der sündigen Welt, ihren Mittelpunkt findet in der Offenbarung Gottes in Christo und zum Abschluß gelangt in dem Gericht der die Gemeinde der Erwählten machtvoll rettenden Gerechtigkeit. Es ist ein einheitliches Handeln Gottes nicht durch die Geschichte, sondern innerhalb der Geschichte, in der die Menschheit, soweit sie sich nicht das Verhalten Gottes im Glauben zur Erlösung dienen läßt, an sich selbst zu Grunde gehen muß und wird.

Dadurch, daß dieses einheitliche Verhalten Gottes zum Zwecke unserer Erlösung bis heute und bis zu Ende ein geschichtlich sich bethätigendes ist, in welchem sich an die Offenbarung in Christo die Missionierung der Welt anschließt, erklärt sich, daß auf der einen Seite in diesem Verhalten stets alle Eigenschaften Gottes wirksam sind, auf der andern Seite aber diese Eigenschaften nur auf dem Gebiete der Offenbarung wahrgenommen und erkannt werden, und zwar so, daß auch dort ihre Erscheinung immer völliger wird, je / völliger Gott sich bethätigt. Dies hängt zusammen mit dem, was wir uns über die eine und selbige Weltgegenwart und ihre Besonderungen, über den Unterschied zwischen Allgegenwart und Heilsgegenwart etc. zu sagen hatten. Daher kommt es, daß die Offenbarung der Herrlichkeit Gottes Gegenstand der Verheißung und Hoffnung Israels ist, daß sie die Verkündigung der Geburt Christi begleitet, Luk 2,9, in Christo Gegenwart gewinnt, Joh 1,14; 2,11, in seiner Auferweckung durch seine Rechtfertigung sich bethätigt, Röm 6,3; 1Tim 3,16, und doch erst bei seiner Wiederkunft rückhaltlos erscheint, Matth 16,27; 19,28; 25,31: 2Thess 1,9 u.a. Sie bezeugt sich im Evangelium, 1Tim 1,11, bethätigt sich sonderlich an und in der Gemeinde durch die Gegenwart des heiligen Geistes, Eph 3,16; Kol 1,11; 1Tim 4,14, und bildet das Endziel der christlichen Hoffnung. Mit dieser geschichtlichen Erscheinung der Herrlichkeit Gottes hängt der Unterschied und die Einheit unserer gegenwärtigen und zukünftigen Erkenntnis Gottes zusammen, wovon oben S. 108 die Rede war. Für beide aber gilt, was wir als Forderung und Wirkung Gottes in seiner Offenbarung erkannten: „so du glauben würdest, solltest du die Herrlichkeit Gottes sehen“, Joh 11,40.

Namen

Begriffe

Übersetzung bzw. Erläuterung lateinischer Zitate und Fachausdrücke

S. 21, Zeile 19f: gemischte und reine Artikel
S. 25, Zeile 19: (Eigenschaften Gottes sind) nichts anderes als dem göttlichen Wesen nicht wirklich entsprechende Vorstellungen.
S. 25, Zeile 24: geistiger Vorbehalt
S. 26, Zeile 28: das erste Bewegende; der reine Akt
S. 27, Zeile 18f: Unser begrenzter Verstand kann das unbegrenzte und einfachste Wesen Gottes mit einer einzigen passenden Vorstellung nicht angemessen erfassen.
S. 28, Zeile 38: wir wissen (es) nicht und werden (es) nicht wissen
S. 31, Zeile 31: zufällige Eigenschaften
S. 33, Zeile 29f:„transzendente und transeunte Eigenschaften Gottes“: transzendente sind Gott in seiner absoluten Jenseitigkeit, ihm selbst an sich eigene Eigenschaften, transeunte sind Gott in seiner Beziehung zu Geschaffenem eigene Eigenschaften.
S. 37, Zeile 3f: Weg der Verneinung, der Überbietung, der Ursächlichkeit
S. 56, Zeile 13f: (Heiligkeit Gottes sei) die höchste und von jedem Makel oder Vergehen ganz und gar freie Reinheit in Gott, welche Sauberkeit und schuldige Reinheit von allen Geschöpfen fordert.
S. 56, Zeile 15f: Weil (Gott) das höchste Gut sei, habe er durch das Gesetz das höchste Gut verkündet und schütze es.
S. 62, Zeile 32: so – wie
S. 62, Zeile 32: die (nach Verdienst) zuteilende (einteilende) Gerechtigkeit
S. 63, Zeile 11: Rechtfertigung als Einflössung der Gerechtigkeit
S. 63, Zeile 26: Zeile : Über die späte Vergeltung der Gottheit
S. 64, Zeile 25: neues Gesetz
S. 66, Zeile 4: Gottes gütige, uns rettende Befreiung von unseren Bedrängern.
S. 66, Zeile 5ff: Von Gott wird gesagt, dass er unsere Gerechtigkeit herausführt und ans Licht bringt, wenn er unsere gerechte Sache und uns

selbst von Bedrängnis befreit und uns zu Siegern macht und uns so das Zeugnis der Unschuld und Gerechtigkeit vor aller Welt ausstellt.
S. 66, Zeile 12ff: Wenn er Erbarmen üben will, so ist niemand milder als Gott, wenn er aber Gerechtigkeit erweist, ist niemand schrecklicher als Gott selbst.
S. 66, Zeile 14f: (Gottes Gerechtigkeit) vermag die Übeltäter vom Missbrauch der göttlichen Güte zurückzurufen.
S. 66, Zeile 19f: (Gottes Gerechtigkeit ist) die höchste und unveränderliche göttliche Rechtschaffenheit, die von dem vernünftigen Geschöpf einfordert, was recht und gerecht ist.
S. 66, Zeile 21ff: (Gottes Gerechtigkeit ist) eine wirksame göttliche Eigenschaft, kraft deren Gott alles, was seinem ewigen Gesetz entspricht, will und tut, den Geschöpfen übereinstimmende Gesetze vorschreibt, die Guten belohnt, die Gottlosen straft.
S. 67, Zeile 12: Unter dem Begriff der göttlichen Gerechtigkeit versteht man oft Güte.
S. 67, Zeile 13ff: Es scheint gemeint zu sein, dass es gerecht und dem Wesen Gottes entsprechend sei, den Unglücklichen und seine Hilfe Erflehenden Güte zu erweisen.
S. 67, Zeile 18ff: Wer aber verhält sich in seinem Stand und Amt so gut und vollkommen wie Gott? Sozusagen alle Teile seines Amtes verwaltet er gerecht und in jeder Weise vollkommen: Er ist gerechter Herr, gerechter Richter, gerechter Vater, gerechter König, gerechter Lehrer, gerechter Bürge, gerechter Gesetzgeber.
S. 67, Zeile 23f: Die berichtigende Gerechtigkeit, die ohne Ansehen der Person Fehler berichtigt, die Urheber des Schadens straft.
S. 67, Zeile 25f: Die verheißene Gerechtigkeit, die nichts anderes ist als die Wahrhaftigkeit und Treue im Blick auf das Gesagte und Versprochene.
S. 67, Zeile 31f: Wer wahr ist im Versprechen, ist auch wahr im Drohen.
S. 78, Zeile 21: rechtfertigende, rettende Gerechtigkeit
S. 92, Zeile 14: Zweitursachen
S. 94, Zeile 17: geknechteter Wille
S. 109, Zeile 28: Um große Dinge sorgen sich die Götter, kleine vernachlässigen sie.
S. 109, Zeile 31: nachträglich
S. 109, Zeile 35f: gleichzeitiges Wissen, aufeinanderfolgenden Wissen
S. 116, Zeile 32: aufeinanderfolgende Ewigkeit; Unaufhörlichkeit
S. 116, Zeile 35: gleichzeitige Ewigkeit